AF172998

Norbert Elias und der Tod

Matthias Meitzler

Norbert Elias und der Tod

Eine empirische Überprüfung

 Springer VS

Matthias Meitzler
Universität Passau
Passau, Deutschland

ISBN 978-3-658-34653-9   ISBN 978-3-658-34654-6 (eBook)
https://doi.org/10.1007/978-3-658-34654-6

Die Deutsche Nationalbibliothek verzeichnet diese Publikation in der Deutschen Nationalbibliografie; detaillierte bibliografische Daten sind im Internet über http://dnb.d-nb.de abrufbar.

Planung/Lektorat: Cori Antonia Mackrodt
Springer VS ist ein Imprint der eingetragenen Gesellschaft Springer Fachmedien Wiesbaden GmbH und ist ein Teil von Springer Nature.
Die Anschrift der Gesellschaft ist: Abraham-Lincoln-Str. 46, 65189 Wiesbaden, Germany

*„Ein wenig stirbt man Tag für Tag und
faßt es nicht wie etwas weitergeht und ist
vorbei und wie ein Tag verrinnt in seine
Nacht und aufersteht ein fremdes Einerlei
und schwer erträglich ist wie Stunden
fallen im Puls der Stille kommen und
vergehen und wie Geburt und Tod ist
Gegenwart und ganz alltäglich Schritte
die verhallen indessen innen noch
Knospen stehn und Neues harrt."*

Norbert Elias, „Abklang" (1987a: 36)

Danksagung

Die Realisierung eines Buchprojektes geht gewiss nicht allein auf das Handeln einer einzigen Person zurück, sondern ist immerzu im figurativen Kontext zu betrachten. Daher bin ich einigen Personen zu großem Dank verpflichtet. An erster Stelle ist *Thorsten Benkel* zu nennen, der meine zunächst augenzwinkernd vorgetragene Idee einer kleinen Monografie über die Elias'sche Perspektive auf das Lebensende buchstäblich todernst nahm und mich zur Umsetzung dieses verwegenen Plans ermutigte. Den gesamten Entstehungsprozess meines Buches hat er mit größtem Engagement begleitet und stand mir jederzeit zuverlässig mit Rat und Tat zur Seite. Unsere gemeinsamen Forschungen, die wir seit mehreren Jahren an der Schnittstelle von Tod und Gesellschaft durchführen, sowie unzählige Diskussionen unserer Erkenntnisse bilden einen wesentlichen Grundstein für diese Arbeit. *Ekkehard Coenen* danke ich für die kritische Begutachtung ausgewählter Kapitel und seine wertvollen Hinweise, die mich zum Weiterdenken animierten. Gleiches gilt für *Christoph Nienhaus,* von dessen profunden Elias-Kenntnissen dieser Band ohne Frage profitiert hat. Mein Dank gilt nicht zuletzt *Ramona Schlett* für die sorgfältige Durchsicht des finalen Manuskripts – und für ihren emotionalen Rückhalt in sämtlichen Lebenslagen.

Matthias Meitzler, Passau, im Mai 2021

Inhaltsverzeichnis

Tod und Affekt

„Es sind ganz einfache und starke Empfindungen, die sprechen. Man tötet, man gibt sich völlig an den Kampf hin, man sieht den Freund kämpfen. Man kämpft an seiner Seite. Man vergißt, wo man ist. Man vergißt den Tod selbst. Es ist schön. Was mehr?" Diese Worte stammen nicht etwa von einem begeisterten Krieger, der jüngst von einer erfolgreich bestrittenen Schlacht heimgekehrt ist, sondern von Norbert Elias (1976a: 271), dem solche Erfahrungen, gleichwohl er im Ersten Weltkrieg als Funker eingesetzt wurde,[1] weitgehend fremd sind.[2]

In westlich orientierten Gegenwartsgesellschaften, die Körperverletzungen, Mord und Totschlag sowohl mit sozialen Normierungsmitteln wie auch auf rechtlicher Ebene aufs Schärfste sanktionieren, lösen enthusiastische Bekundungen zur Rauschwirkung und Ästhetik des Tötens Irritationen hervor. Dass der Tod ausgerechnet in dem Moment vergessen werden könne, in dem man andere Menschen gewaltsam der Lebendigkeit entreißt, macht das Szenario noch unwirklicher. Doch Elias geht es gewiss nicht darum, die herrliche Empfindung des Tötens zu propagieren. Vielmehr dient diese Passage der Veranschaulichung jenes Phänomens, mit dem er sich nahezu über sein gesamtes Wissenschaftlerleben hinweg beschäftigt hat. Sie illustriert den weder geplant noch zufällig verlaufenden *Zivilisationsprozess.*

---

[1] Jitschin (2021: 100) hat darüber hinaus biografische Spuren gefunden, die darauf hinweisen, dass Elias Artillerist und somit „Bestandteil der deutschen Tötungsmaschine" war.

[2] Aus Gründen der besseren Lesbarkeit wird in dieser Arbeit auf die gleichzeitige Verwendung männlicher und weiblicher Sprachform verzichtet. Alle Personenbezeichnungen gelten – wenn nicht ausdrücklich anders gekennzeichnet – gleichwohl für sämtliche Geschlechter.

© Der/die Autor(en), exklusiv lizenziert durch Springer Fachmedien Wiesbaden GmbH, ein Teil von Springer Nature 2021
M. Meitzler, *Norbert Elias und der Tod,*
https://doi.org/10.1007/978-3-658-34654-6_1

Elias konzipiert ein dynamisches Gesellschaftsmodell; ihm geht es um die Beobachtung „langfristige[r] Verhaltensänderungen der Individuen und der gesellschaftlichen Beziehungsgeflechte" (Treibel 2008: 20). Wie sich das Zusammenleben der Menschen im Laufe der Jahrhunderte entwickelt hat, drückt sich auch in ihrem Verhältnis zum Lebensende aus. Es gibt keine identifizierte ‚objektive' Perspektive auf den Tod, sondern viele verschiedene Stimmen, die in dieser oder jener historischen Phase oder Region lauter und in anderen wieder leiser zu vernehmen waren. Dem damit implizierten Bedeutungswandel unterliegt auch das Töten. Will man Elias' Worte verstehen, muss man die Welt verstehen, die er mit ihnen skizziert. Die Rede ist hier vom Mittelalter, das der Moderne in mehrerlei Hinsicht fernsteht. Physische Gewalt galt zur damaligen Zeit als geläufiges Mittel zur Durchsetzung eigener Interessen und war gerade deshalb eine omnipräsente Erscheinung. Ähnlich wie heute fungierte sie als eine Methode zur Herstellung gesellschaftlicher Ordnung (Benkel/Nienhaus 2020), doch oblag ihre Steuerung – anders als heute – im Mittelalter vor allem den individuellen Akteuren, die sie als zweckdienliches Werkzeug verwendeten bzw. sie abwehrten, indem sie sie einsetzten. Gewalttätige Handlungen waren nur wenigen, bisweilen unerreichbar fern lokalisierten rechtlichen Instanzen unterworfen, sodass in Konfliktfällen, bei denen es um Leib und Leben ging, die Frage nach Recht und Unrecht keine verbindliche Beantwortung finden konnte. Das an Bedrohungen und Überlebenskämpfen nicht arme mittelalterliche Leben unterlag somit der ständigen Gefahr durch andere Menschen, auf deren Gutmütigkeit und friedvolle Absichten prinzipiell nicht vertraut werden konnte. Fremdsein bedeutete damals, zunächst als Quelle von Unheil angesehen zu werden. Vor diesem Hintergrund diente die stets latent vorhandene und häufig durchbrechende Gewaltbereitschaft der Verteidigung der eigenen Ressourcen. Recht hatte faktisch nicht, wer Recht zugeschrieben bekam, sondern wer über einen Kräftevorteil verfügte und sich im Zweifel nicht scheute, von diesem Gebrauch zu machen.

Wo wiederum „jede Gemeinschaft ein Herrschaftsgebilde eigenen Rechts ist und es niemanden gibt, der zwischen ihnen vermittelt, dort ist es klug, mit der Gewalt nicht nur immer zu rechnen, sondern auch auf sie vorbereitet, gerüstet zu sein" (Baberowski 2017: 55). Gewaltbereitschaft war im Mittelalter keine in der Bevölkerung asymmetrisch verteilte Haltung. Wenn eine pazifistische Grundeinstellung tödliche Folgen zeitigen kann, dann ist der kriegerisch gestimmte Gegenentwurf die vernünftigere Option. Elias interessieren die gesellschaftlichen Bedingungen, die dafür verantwortlich waren, dass ein bestimmtes (hier: gewaltbereites) Agieren der Individuen nicht nur möglich, sondern im Dienste des Überlebens sogar notwendig war.

Das galt insbesondere während Kriegszeiten bzw. in Zeiten bewaffneter Kon-
fliktkonstellationen zwischen einzelnen Herrschaftshäusern, an denen es in der
Feudalgesellschaft des Mittelalters ebenfalls nicht mangelte. Damals existierten
noch keine Gefängnisse im heutigen Sinne, in denen man Kriegsgefangene hätte
unterbringen können. „Sie behalten, hieß sie ernähren. Sie zurückzuschicken, hieß
die Kriegsmacht und den Reichtum des Feindes stärken. [...] Man konnte sie
töten oder so verstümmelt zurückschicken, daß sie für Kriegsdienste und Arbeit
untauglich waren." (Elias 1976a: 268) In die Schlacht zu ziehen, bedeutete also
im Fall einer Niederlage den sicheren Tod oder eine schmerzhafte, buchstäblich
einschneidende, nicht mehr abheilende Entstellung.

Für Krieger machte die Vorbereitung auf den Kampf einen geradezu allumfassenden Bestandteil ihrer Sozialisation aus:

> „Der Krieger des Mittelalters liebte den Kampf nicht nur, er lebte darin. Er verbrachte
> seine Jugend damit sich auf Kämpfe vorzubereiten. Wenn er mündig war, schlug man
> ihn zum Ritter, und er führte so lange Krieg, als es seine Kräfte nur irgend erlaubten,
> bis ins Greisenalter hinein. Sein Leben hatte keine andere Funktion. Sein Wohnhaus
> war eine Wache, eine Festung, Angriffs- und Verteidigungswaffe zugleich. Wenn er
> zufälligerweise, wenn er ausnahmsweise im Frieden lebte, brauchte er wenigstens noch
> die Illusion des Krieges. Er schlug sich in Turnieren, und diese Turniere unterschieden
> sich oft von wirklichen Kämpfen nur wenig." (Ebd.: 269 f.)

Tödliche Gewalt war indes nicht das alleinige Privileg der Kriegerschaft. Eska-
lationszusammenhänge ergeben sich grundsätzlich dort, wo eine größere Gruppe
von Menschen für längere Zeit als Gemeinschaft beisammen ist. „Auch das Leben
der Bürger in den Städten war in einem ganz anderen Maße, als in der späteren
Zeit, von kleinen und großen Fehden durchsetzt [...]." (Ebd.: 273) Streitigkei-
ten konnten verbal ausgefochten, aber auch mit blutigen Effekten durchexerziert
werden.[3]

Im Mittelalter, so eine weitere These der Elias'schen Zivilisationstheorie,
gingen Menschen wesentlich ungehemmter ihren Affekten nach und waren bei
weitem noch nicht in jenem Ausmaß zur Selbstbeherrschung imstande wie in
der heutigen Zeit. Diesbezüglich vergleicht Elias die Menschen des Mittelalters mit kleinen Kindern, die im Unterschied zu Erwachsenen noch nicht über

---

[3] Der Konnex von Gewalt und Lebensende drückte sich nicht nur darin aus, dass Menschen
durch Gewalt getötet wurden, statt auf ‚natürlichen' Wegen zu sterben. Ebenso kam es „wohl
nicht selten vor, daß die zur Herrschaft gekommene jüngere Generation die schwächer werdende ältere Generation schlecht, vielleicht auch höchst grausam behandelte. Es war nicht
Sache des Staates, sich um solche Dinge zu kümmern" (Elias 2002: 74).

eine antrainierte Affektkontrolle verfügen und ihren Impulsen darum in wesentlich stärkerem Maße ausgeliefert sind (vgl. ebd.: 277). Wer nun Bändigungen gewaltsamer Affekte und eine Kritik am Zustand des „homo homini lupus est" (Thomas Hobbes) durch die Instanzen der Religion vermutet, der verkennt, so Elias, dass religiöse Prinzipien selbst das Resultat der je aktuellen Zivilisationsstufe und demnach „jeweils genau so ‚zivilisiert' [sind], wie die Gesellschaft oder wie die Schicht, die sie trägt" (ebd.: 277). Einerseits machte die mangelnde Affektregulierung Gewalthandlungen, die durchaus in Tötungen münden konnten, wahrscheinlich. Andererseits wurde das Töten, wie das einleitende Elias-Zitat erkennen lässt, selbst von Affekten begleitet. Dabei dominierten tatsächlich nicht nur Wut, Ärger, Hass und Groll, sondern es konnten auch Begeisterung und Freude eine Rolle spielen. Ferner ist zu bedenken, dass nach Max Weber (1976: 12) auch affektuelles Handeln letztlich Handeln ist, d. h. ihm liegt eine Sinndimension zugrunde. Es sind nicht ‚sinnfremde' Naturelemente, die im Gewaltrausch explosionsartig hervortreten, sondern es sind Handlungen von Menschen gegen andere Menschen (und prinzipiell auch gegen Tiere);[4] es sind soziale Aktionismen, die sogar in der enthemmtesten Form noch einen Kern von Absichtsorientierung beinhalten (Bonacker 2002; Wieviorka 2006).

Die Notwendigkeit der gewaltsamen Statusverteidigung brachte als Begleiterscheinung eine positiv aufgeladene emotionale Beziehung zu entsprechenden Handlungen mit sich. In der Folge bedurfte nicht nur die vollzogene Gewalt bzw. Tötung kaum je einer Legitimation, sondern auch das sie offenkundig flankierende Vergnügen. Die „Grausamkeitsentladung schloß nicht vom gesellschaftlichen Verkehr aus", sondern im Gegenteil war die „Freude am Quälen und Töten anderer […] groß, […] es war eine gesellschaftlich erlaubte Freude" (Elias 1976a: 268; siehe auch Foucault 2008: 44 ff.).

---

[4] Die (tödliche) Gewalt von Menschen gegenüber Tieren weist eine lange Kulturgeschichte auf und ist seit jeher ein wesentlicher Bestandteil des Mensch-Tier-Verhältnisses. Tiere wurden zu unterschiedlichen Zeiten, zu unterschiedlichen Zwecken und mit unterschiedlicher Legitimation getötet (etwa zur rituellen Opferung, zur Gefahrenabwehr, zur Rohstoffgenerierung, aus wissenschaftlichen Beweggründen – oder schlichtweg aus reinem Vergnügen). Während das Deutsche Tierschutzgesetz generell vorsieht, dass niemand „einem Tier ohne vernünftigen Grund Schmerzen, Leiden oder Schäden zufügen" darf (§ 1), ist das Töten unter bestimmten Voraussetzungen legal, etwa im Rahmen behördlich genehmigter und ordnungsgemäß durchgeführter Schlachtungen (§ 4). War die Tötung von (Wirbel-)Tieren in vorindustriellen Zeiten ein omnipräsentes sichtbares Ereignis, so ist sie heutzutage aus dem öffentlichen Blickfeld geraten und vollzieht sich weitgehend hinter den Mauern von Einrichtungen wie Schlachthäusern oder Laboratorien. Zu den zeit- und kulturspezifischen Dimensionen der Tiertötung siehe Joachimides et al. 2016.

Fraglos war das Leben im Mittelalter von einer „anderen Affektgeladenheit" (Elias 1976a: 277) geprägt als in Gesellschaften späterer Zivilisierungsphasen. Erfolgreich, anerkannt und anschlussfähig war – im Unterschied zur heutigen Zeit – nicht wer seine Affekte ‚im Griff‘ hatte, sondern wer ihnen im Rahmen sozialer Geläufigkeitsmuster nachgab. Dies galt im Übrigen für Emotionen jeglicher Art:

> „Wer in dieser Gesellschaft nicht aus voller Kraft liebte oder haßte, wer im Spiel der Leidenschaften nicht seinen Mann stand, der mochte ins Kloster gehen, im weltlichen Leben war er ebenso verloren, wie in der späteren Gesellschaft und besonders am Hofe umgekehrt derjenige, der seine Leidenschaften nicht zu zügeln, seine Affekte nicht zu verdecken und zu ‚zivilisieren‘ vermochte." (Ebd.)

Zu einer merklichen Affektdrosselung, mit der auch eine stärker werdende Pazifizierung und Tötungshemmung einherging, kam es erst im Zuge staatlicher Gewaltmonopolisierung, des Aufbaus eines Rechtssystems, verlängerter Figurationsketten[5] und der Verlagerung von Fremd- zu Selbstzwängen. Der Umstand, dass man fortan *planen, statt kämpfen* musste (vgl. Korte 2013: 202), d. h. die gewachsene Notwendigkeit, andere Menschen genau zu beobachten und ihre mutmaßlichen Handlungsmotive einzuschätzen, führte zu einem langfristigen Gewinn an Erwartungssicherheit und dem Vertrauen, nicht jederzeit und überall mit Gewalt rechnen zu müssen (Reemtsma 2008). Im Zusammenhang mit einer „tiefgreifenden zivilisatorischen Verwandlung der ganzen Persönlichkeitsstruktur" (Elias 1981a: 101) sei die Angriffslust

> „durch den fortgeschrittenen Stand der Funktionsteilung, durch die entsprechend stärkere Verflechtung der Einzelnen, durch die stärkeren Abhängigkeiten voneinander und von dem technischen Apparat gebunden; sie ist durch eine Unzahl von Regeln und Verboten, die zu Selbstzwängen geworden sind, eingeengt und gebändigt. Sie ist so verwandelt, ‚verfeinert‘, ‚zivilisiert‘, wie alle anderen Lebensformen, und nur noch im Traum oder in einzelnen Ausbrüchen, die wir als Krankheitserscheinungen verbuchen, tritt etwas von ihrer unmittelbaren und ungeregelten Kraft in Erscheinung" (ebd.: 265).

---

[5] Mit Figuration bezeichnet Elias zunächst Interdependenzgeflechte im Sinne eines (oftmals ungeplanten) wechselseitigen Aufeinander-angewiesen-Seins von Menschen, was sich jedoch auch auf höher aggregierte soziale Einheiten (wie z. B. Nationen) anwenden lässt. Er schließt damit an den in der Simmel'schen Soziologie zentralen Terminus der *Wechselwirkungen* an. Im Unterschied zu Georg Simmel kann Elias mit seiner Konzeption den (vermeintlichen) Gegensatz von Individuum und Gesellschaft überwinden (vgl. Zima 2020: 446 f.), da er zwischen beiden Instanzen ebenfalls einen figurativen Zusammenhang postuliert.

Nicht nur die eigene Angriffslust, sondern auch die Schaulust an den Gewaltexzessen anderer werde durch einen größeren „Radius der Identifizierung" (Elias
2002: 10) zivilisiert. Hier geht Elias historisch noch weiter zurück und vergleicht
die Gegenwart mit der Antike:

> „Wir betrachten es nicht mehr als ein Sonntagsvergnügen, Menschen gehenkt, gevier-
> teilt und gerädert zu sehen. Wir sehen uns Fußballspiele, nicht Gladiatorenkämpfe an.
> Verglichen mit der Antike ist die Identifizierung mit anderen Menschen, das Mit-Leiden
> mit ihrer Qual und ihrem Tod, gewachsen." (Ebd.)[6]

Dass physische Gewalt, Quälereien und Tötungen mittlerweile als Verbrechen
gebrandmarkt werden, dass sich die Idee der Dysfunktionalität von Gewalt durch-
gesetzt hat und dass es keiner permanenten Bereitschaft zur Gegenwehr mehr
bedarf, entspringe Elias zufolge jedoch nicht etwa „der Einsicht der beteiligten
Menschen", sondern gehe „auf eine ganz spezifische Organisation der Gesellschaft zurück" (ebd.: 53). Denn nicht die Moral leitet den sozialen Wandel an,
sondern Ressourcenorientierung und Funktionsinteressen, aus denen sich mora-
lische Positionen oftmals erst ableiten.

---

[6] Zahlreiche gegenwärtige Beispiele lassen Zweifel an der These von der zivilisierten Schaulust gegenüber Gewaltexzessen aufkommen bzw. machen deren Konkretisierung notwendig.
Im Zuge des Zivilisationsprozesses hat die generelle Gewalt-Schaulust nicht einfach abge-
nommen, vielmehr wurde sie in ‚kulturell verdauliche' Bahnen gelenkt. Hier ist in erster
Linie an massenmedial vermittelte Gewaltdarstellungen zu denken, wie sie beispielsweise in
bestimmten Filmgenres (Horror bzw. Splatter) zum Ausdruck gebracht werden. Blutströme,
die bei den antiken Gladiatorenkämpfen womöglich nur aus der Ferne zu sehen waren, werden hier meist in großer Deutlichkeit aufgeboten. Ein zivilisatorisches Moment lässt sich
wiederum darin erkennen, dass es sich um fingierte Brutalität handelt. Das Messer durch-
dringt keine echte Haut, es ist kein echtes Blut, das den Körpern literweise entrinnt, es platzen
keine echten Schädel, und es sind keine realen Leichen zu sehen. All dies geht auf das Können von Schauspielern, Maskenbildnern und Programmierern zurück. Demgegenüber gibt es in
den Tiefen des Internets Darbietungen, die damit beworben werden, dass sie authentisch sind
(z. B. Aufnahmen von Hinrichtungen; siehe auch das sogenannte Snuff-Genre bei Jackson
et al. 2016; ferner Benkel/Meitzler 2016: 126 ff.). Seit geraumer Zeit erfreuen sich Formate,
die ‚wahre Verbrechen' thematisieren (und dabei allerdings in der Regel ohne explizites
Bildmaterial auskommen), großer Beliebtheit (Reichertz/Meitzler/Plewnia 2017). Bei diesen
Beispielen, die hinsichtlich ihrer Drastik variieren, ist der ‚Schaulustige' nicht am Geschehen
beteiligt, sondern kann es aus sicherer Entfernung betrachten (Sontag 2005). Dies gilt im
Grunde auch für die als ‚Gaffer' bezeichneten Menschen, die zu unbeteiligten Zeugen von
Unfällen oder gewaltvollen Auseinandersetzungen werden und sich in dieser Situation als
Voyeure gerieren. (Zur Lust des Schauens im Angesicht des Schreckens siehe ausführlich
Schläder/Wohlfarth 2007.)

Heute wird das Tötungsverbot nicht mehr als akut von außen auferlegter Fremdzwang angesehen, sondern gilt als verinnerlichter Selbstzwang. Wie alle Elemente des ‚zivilisierten' Lebens ist die Devise, nicht zu töten (und zwar weder Gleichgesinnte noch Feinde), das Ergebnis von Sozialisations- und Erziehungshandlungen. Entscheidend ist, dass diese Außenprägung im Hinblick auf das Tötungstabu heutzutage fast überall problemlos adaptiert und für richtig, wichtig und wahrhaftig angesehen wird. (Die entsprechenden Mechanismen der Verinnerlichung beschreiben bekanntlich Berger/Luckmann 1969: 139 ff.). Wie falsch Töten prinzipiell ist, leuchtet auch denjenigen ein, die irgendwann einmal einen Menschen umbringen oder es versuchen. Ihre Handlungen können von ihren inneren Überzeugungen situativ entkoppelt werden, mit der Folge, dass Gerichtsgutachter, Militärvorgesetzte und andere Instanzen nachträglich zu klären haben, ob und welche Folgen sich aus dieser Entkopplung ableiten lassen.

Nur für vergleichsweise wenige Personen in vergleichsweise seltenen Situationen und unter hochspezifischen Bedingungen ist die Tötung eines anderen Menschen gegen dessen Willen legitim oder zumindest sanktionsfrei. In dieser Lage befindet sich etwa „der Polizist gegenüber dem Verbrecher" (Elias 1976a: 279). Im Kontext von Notwehr- und Nothilfehandlungen kann überdies jedermann eine legitime Tötung bewerkstelligen, wenn es partout keinen anderen Ausweg gibt, um erhebliche Rechtsgüter (insbesondere: das eigene Leben oder das Dritter) vor schwerwiegenden Gefahren zu beschützen. Darüber hinaus gilt die Tötungsbefugnis für „größere Massen nur in den Ausnahmezeiten des kriegerischen oder revolutionären Zusammenstoßes, im gesellschaftlich legitimierten Kampf gegen innere oder äußere Feinde" (ebd.). Zwar wird nach wie vor auch abseits solcher Ausnahmekontexte getötet, jedoch aufseiten der Täter üblicherweise in dem Wissen, dass ihre Handlung illegitim ist. Qua juristischer Zuschreibung wird auf diese Weise aus einer Tötung ein Totschlag oder ein Mord und aus den Tatbeteiligten werden Opfer oder Verbrecher.

Wie ‚friedvoll' die zeitgenössische Gesellschaft ist, wird wohl erst im Vergleich mit früheren Epochen wirklich deutlich. In der Gegenwart ist Gewaltfreiheit keineswegs eine verbindliche Norm für jede Lebenslage, dennoch wirken Gewalthandlungen aufgrund ihres Ausnahmecharakters mindestens irritierend. Dabei wird schnell vergessen, dass, aus historischem Blickwinkel betrachtet, nicht die gewaltvollen, sondern die gewaltferneren Zeiten die eigentliche Ausnahme bildeten (vgl. Baberowski 2017: 44 f.). Dass es auch in ‚zivilisierten' Gesellschaften aller Sanktionsbedrohung und allem betonten Pazifismus zum Trotz zu Gewaltausbrüchen kommen kann, stellt für Elias keinen Widerspruch zu seiner Theorie dar. Vielmehr erkennt er darin den Beleg, dass der Zivilisationsprozess eben keine unilineare Entwicklung beschreibt, die bruchlos von einem barbarischen unzivilisierten Urzustand hin zu einem harmonischen Endzustand führt.[7] Elias „erscheinen soziale Prozesse als *ungeplante Bewegungen* ohne Anfang und Ende, die auch reversibel sein können. Der Zivilisationsprozess, den er *anhand des Übergangs von der feudalen zur absolutistischen Gesellschaftsordnung* erzählt, bewegt sich auf kein klar definiertes Ziel zu und kann rückgängig gemacht werden", so Peter V. Zima (2020: 450; Herv. i. O.). In dieser Absage an einen „teleologisch strukturierten Determinismus" (ebd.) distanziert sich die Elias'sche Gesellschaftsanalyse von geschichtsphilosophischen Strömungen des 19. Jahrhunderts und von den Sozialtheorien solcher Denker wie Auguste Comte oder Karl Marx (vgl. ebd.: 449).

Da sämtliche Bewegungen im menschlichen Zusammenleben nicht ohne Gegenbewegungen (und damit auch nicht ohne ‚Dezivilisierung') auskommen, seien folglich temporäre Absenkungen des Zivilisationsniveaus und punktuelle Rückschritte nicht ungewöhnlich (dazu auch Treibel 2008: 66). Die Regression auf frühere, vermeintlich überwundene Stufen der Gesellschaftsorganisation und individuellen Haltung werde durch bestimmte gesellschaftliche Rahmenbedingungen vielmehr begünstigt; dies sei insbesondere in Krisen- und Gefahrenzeiten der Fall. So bedürfe es

„einer gewaltigen sozialen Unruhe und Not, es bedarf vor allem einer bewußt gelenkten Propaganda, um die aus dem zivilisierten Alltag zurückgedrängten, die gesellschaftlich verfemten Triebäußerungen, die Freude am Töten und am Zerstören bei größeren Menschenmassen gewissermaßen wieder aus ihrer Verdeckung zu wecken und sie zu legitimieren" (Elias 1976a: 279).

In diesem Zusammenhang liegt von heute aus die Rückschau auf die erste Hälfte des 20. Jahrhunderts nahe:

---

[7] In modernen Rechtssystemen werden Tötungen unterschiedlich deklariert und sanktioniert, je nachdem, in welcher Weise die lebensbeendende Handlung und deren Umstände (etwa im Hinblick auf die Tötungsabsicht) gedeutet werden (Bormann 2017). Möglich sind Deklarationen als *Mord*, *Totschlag* oder *Tötung auf Verlangen*. Darüber hinaus kennt das (deutsche) Strafgesetzbuch Tatbestände wie fahrlässige Tötung (§ 222) oder andere Delikte mit Todesfolge wie Körperverletzung (§ 227) oder Raub (§ 251). Allerdings unterliegen, wie gesagt, nicht sämtliche Tötungshandlungen der juristischen Sanktionierung. Das Töten im Krieg – dem sich Elias übrigens wenige Monate vor seinem eigenen Tod, nämlich im Januar 1990 in einer Hörfunkdiskussion des WDR ausdrücklich widmete – wird durchaus als legitim betrachtet (Stietencron/Rüpke 1995). Dies trifft auch auf den Suizid zu, welcher gerade mit Blick auf Elias' Zivilisationstheorie einen interessanten Fall darstellt. Während es an Auseinandersetzungen mit dem Einfluss der Gewaltmonopolisierung auf die (Fremd-)Tötung in Elias' Werk nicht mangelt, sucht man dort nach Verweisen auf die Selbsttötung vergeblich.

„Wenn man von dem Zivilisationsprozeß spricht [...], dann muß man einschränkend hinzufügen, daß die Erfahrungen der zwei großen europäischen Kriege, und vielleicht noch weit mehr die Konzentrationslager, die Gebrechlichkeit der Gewissensbildung zeigen, die das Töten verbietet [...]. Die Selbstzwangapparaturen, die bei der Verdrängung des Todes in unseren Gesellschaften im Spiele sind, lösen sich offenbar verhältnismäßig schnell auf, wenn die staatliche Fremdzwangapparatur [...] das Steuer herumwirft und den Befehl zum Töten von Menschen gibt." (Elias 2002: 55)

Das von ‚Schreibtischtätern' angeordnete Töten sei indes keineswegs vergleichbar mit der oben geschilderten enthusiastischen Angriffslust und dem rauschvollen Töten der mittelalterlichen Krieger (Elias 1978a). Vielmehr sei es von einer gewissen Kühle, Technisierung, Rationalität und Instrumentalität geprägt: „Man konnte, was Hitlers Helfer taten, nur noch mit schlechtem Gewissen, aber nicht mehr mit Freude und Hingabe tun. Die Täter suchten nach einem moralischen Korsett, das ihnen Halt gab und sie das Unvorstellbare auch tatsächlich tun ließ." (Barberowski 2017: 64)[8] Gesellschaften, in denen Töten gemäß des impliziten *contrat social* sinnlos sein *soll*, werden in ihren Grundfesten erschüttert, wenn diese Sinnlosigkeit unter mechanischen Bedingungen durchgeführt wird; wenn also nicht einmal Leidenschaft und Affekt, sondern in erster Linie Kalkül und Strategie hinter Tötungsakten stehen (Wulf/Zirfas 2011). Das „kaltblütige, methodische Massentöten nach Plan" (Elias 1989: 395) ist nicht die Fortsetzung des mittelalterlichen Todeskampfes, sondern ihm in seiner distanzierten und indifferenten Nüchternheit auf der Skala der Schrecknisse genau entgegengesetzt.[9]

Auch im internationalen Vergleich lassen sich Schwankungen im Gewaltniveau erkennen. Während die Tötung von Menschen vermeintlich prinzipiell abgelehnt wird, gibt es mit Japan und einigen Bundesstaaten der USA durchaus noch Nationen auf dem höchsten Zivilisationsniveau, die sich der Todesstrafe als strategischem Mittel bedienen (Martschukat 2002). Diesem institutionalisierten steht das individuell-situative Töten gegenüber. In manchen Regionen der Welt sind Tötungen nicht die Ausnahme, sondern im Hinblick auf das eigene Überleben und das autonome Regulierungsinteresse einzelner (etwa von Warlords in

---

[8] Dies deckt sich mit Zygmunt Baumans Befund, dass die Vernichtungslager das Resultat einer Überrationalisierung seien (Bauman 1992).

[9] In seinen *Studien über die Deutschen* thematisiert Elias ausführlich den von den Nationalsozialisten verübten Genozid an den Juden als „einen der schwersten Zusammenbrüche der Zivilisation in der jüngeren europäischen Geschichte" (Elias 1989: 401). Dabei sieht er das „Hauptproblem [...] nicht in der Tat an sich, sondern in ihrer Unvereinbarkeit mit Standards, die man als Kennzeichen höher entwickelter Gesellschaften der Gegenwart aufzufassen gewohnt ist" (ebd.: 394).

‚failed states') fast schon die Regel. Selbst solche Länder, die seit Jahrzehnten nicht mehr in einen bewaffneten Konflikt involviert waren, können trotz des so vermeintlich ‚erwiesenen' zivilisatorischen Niveaus nicht auf den ewigen Frieden vertrauen. Elias begründet dies mit einem fehlenden Gewaltmonopol auf zwischenstaatlicher Ebene:

> „Wie ehedem Stämme für Stämme, so stellen auch heute noch Staaten für Staaten unablässig eine Gefahr dar. […] Wenn man als eines der entscheidenden Kriterien für die Abfolge der Zivilisationsstufen die Minderung der physischen Gefahren ansetzt, die Menschen für Menschen darstellen, also das Ausmaß der gegenseitigen Bedrohung, anders ausgedrückt der Pazifizierung, dann kann man sagen, daß Menschen im innerstaatlichen Verkehr eine höhere Zivilisationsstufe erreicht haben als im zwischenstaatlichen Verkehr." (Elias 1981a: 101)[10]

Während die Kriegsgefahr als latente Bedrohung geblieben sei, habe sich die Form der Kriegsführung bzw. haben sich deren sozialer Deutungsrahmen sowie die affektiven Strukturen verändert. Krieg steht heute ebenfalls für taktisches und auf Abstand betriebenes Agieren, das Töten ist dabei aber nicht funktional, sondern ein in Kauf genommener Preis, der angesichts der offensichtlichen Feindseligkeit der Gegner mit mehr oder weniger Engagement bezahlt wird. Die beinahe romantische Vorstellung einer duellhaften Begegnung entspricht schon lange nicht mehr der Realität des Krieges (Hüppauf 2014). Auch im Krieg kann

> „der Einzelne nicht mehr unmittelbar seiner Lust Spielraum geben, angestachelt durch den Anblick des Feindes, sondern er muß, gleichgültig wie ihm zumute ist, nach dem Kommando unsichtbarer oder nur vermittelt sichtbarer Führer, gegen einen oft genug unsichtbaren oder nur vermittelt sichtbaren Feind kämpfen" (Elias 1976a: 279).

Schrecklicher noch als die Tötung ‚ohne Sicht' ist heute im Krieg die Tötung von Nichtkombattanten, d. h. von Unschuldigen, denn sie vergegenwärtigt immer wieder aufs Neue, dass auch moderne, allseits kontrollierte Kriegsführung nicht ohne exzessive bzw. unvorhergesehene Momente auskommt (Gillner/Stümke 2014).

---

[10] In diesem Kontext schreibt Elias (1981a: 102) weiter: „Die frühen Schritte in der Richtung auf eine solche Entwicklung, die Bemühungen der Vereinten Nationen oder des Internationalen Gerichtshofs in Den Haag um eine gewaltlose Beilegung von Konflikten auf der zwischenstaatlichen Ebene zeigen diese Schwäche nur zu deutlich. Es bedürfte einer Wehrmacht, die stärker ist als die der jeweils auf gewalttätige Auseinandersetzung vorbereitenden oder in Gewalttätigkeiten verstrickten Staaten, um diese effektiv an dem kriegerischen Austragen ihrer Konflikte zu hindern. Gäbe es sie, dann würden die Vereinten Nationen und andere internationale Institutionen ein globales Monopol der physischen Gewalt besitzen."

Der Zivilisationsprozess hat Elias zufolge nicht nur Einfluss auf die Tötungs-
bereitschaft, sondern auch auf die damit verbundenen Affekte. Zumindest aus
zentraleuropäischer Perspektive ist die noch bei Weber (1988: 548 f.) auftau-
chende Vorstellung, sich im Krieg für sein Vaterland aufzuopfern, den Heldentod
auf dem Schlachtfeld zu sterben und dem eigenen vorzeitigen Lebensende damit
Sinn zu verleihen, heutzutage weitgehend unpopulär. Das kriegerische Töten und
Sterben ‚Seite an Seite' ist kein anerkannter Gemeinschaftsgenerator mehr.

Wie anhand dieser einleitenden Überlegungen zu veranschaulichen versucht
wird, entwirft Elias mit seiner „Zentraltheorie der Menschheitsentwicklung"
(Ebner/Stopfinger 2020: 50) auch einen wichtigen Beitrag zur Soziologie der
Gewalt (dazu ausführlich Savoia Landini/Dépelteau 2017). Interessanterweise
ist die Frage nach der Genese von Gewalt als Reflexionsgegenstand überwie-
gend erst unter gesellschaftlichen Umständen aufschlussreich geworden, in denen
Gewalterfahrungen nicht mehr die Norm, sondern die Abweichung darstellen.
Demgegenüber geht es Elias weniger um die Frage, weshalb Menschen einan-
der (mithin tödliche) Gewalt zufügen. Er interessiert sich umgekehrt für den
Umstand, „daß so viele Menschen […] friedlich miteinander leben können ohne
Furcht, von Stärkeren ge- oder erschlagen zu werden" (Elias 1981a: 51). Erklä-
rungen hierfür finde man nicht im isolierten Einzelindividuum und in dessen
Anlage, sondern in „der Art, wie Menschen in Gruppen miteinander verbun-
den sind" (ebd.: 99). Elias fahndet somit nach einem zentralen Problem, das die
Soziologie seit ihren ersten Tagen fasziniert: *Wie ist gesellschaftliche Ordnung
möglich?*

* * *

In der vorliegenden Untersuchung bilden Gewalt und Töten nur einen von mehreren Kontexten,[11] die das generelle Themenfeld der Sterblichkeit auszeichnen.
An der Zivilisationsgeschichte des Tötens lässt sich bereits in einem kurzen
Abriss belegen, „daß die gegenwärtig vorherrschenden Haltungen zum Sterben
und zum Tode weder unveränderlich noch zufällig sind" (Elias 2002: 84) und das
Lebensende demnach alles andere als eine feststehende, von sozialen Rahmungen
unabhängige Größe ist. Der Tod wird mit und in jeder neuen Gesellschaftsordnung neu verhandelt – in seiner Bedeutung, seiner Behandlungsnotwendigkeit,
seinen Folgen und seinen Funktionen. Wenn, wie hier, der erste Blick dem Töten

---

[11] Gleichwohl bemerkt Elias, dass dem Sterben immerzu eine gewaltvolle Komponente innewohnt. „Ob Menschen die Urheber des Sterbens sind oder der blinde Naturablauf, der den,
sei es allmählichen, sei es plötzlichen, Zerfall eines menschlichen Organismus herbeiführt,
ist schließlich für den betreffenden Menschen nicht von großer Bedeutung." (Elias 2002: 88)

gilt, dann nicht, weil Tötungshandlungen die naheliegendste Assoziation sind. Im Gegenteil: Elias' Ausführungen zum Töten umschreiben ein Extrem, derweil der Tod wesentlich häufiger unter anderen Vorzeichen thematisiert wird. Im Lichte seiner Prozess- bzw. Figurationssoziologie widmet sich Elias beispielsweise der Frage, wie Menschen in gegenwärtigen, aber auch in früheren Gesellschaften der Endlichkeit des Lebens gegenüberstehen, unter welchen Bedingungen sie sterben, sich voneinander verabschieden, umeinander trauern und sich aneinander erinnern. Um diese anderen Figurationen des Todes wird es in den nachfolgenden Kapiteln gehen.

Zunächst skizziere ich in aller Kürze die Anfänge, die Entwicklung sowie den Status quo der sogenannten Thanatosoziologie im deutschsprachigen Raum und lege meinen eigenen empirischen Forschungshintergrund dar (Kap. 2). Mit Bezugnahme auf meine an anderer Stelle[12] vorgenommenen „Probebohrungen" (Foucault 1977: 7) arbeite ich einige wissenssoziologische Implikationen des Elias'schen Gesamtwerkes im Allgemeinen und seiner Todesperspektive im Besonderen heraus (3). Danach richtet sich der Blick auf das Lebensende im Kontext des Zivilisationsprozesses (4). Im Anschluss werden ausgewählte Feststellungen aus Elias' Studie mit eigenen empirischen Erkenntnissen abgeglichen. Dazu gehört vor allem die Behauptung, dass der Tod aus dem gesellschaftlichen Alltagsleben zurückgedrängt werde. Elias begründet dies zum einen mit dem schwindenden physischen Kontakt von Menschen mit sterbenden und toten Körpern (5). Zum anderen seien Sterben und Tod auch als Gesprächsthemen mit einem Tabu belegt, welches sich nicht nur in der privaten Alltagskommunikation (6), sondern auch im Marketing der Friedhofsbranche zeige (7). Im Hinblick auf den zurückliegenden Wandel im Kontext der Hospizbewegung beschäftige ich mich sodann eingehend mit der bei Elias zentralen These vom einsamen Sterben (8). Der Umstand, dass die während meiner Niederschrift des Manuskriptes ausgebrochene Covid-19-Pandemie zu Einschränkungen des sozialen Lebens in einem historischen Ausmaß geführt und damit auch die Bedingungen des Lebensendes massiv (mit-)geprägt hat, ergänzt diesen Diskurs um eine bemerkenswerte Facette. Was sich aus Elias' Werk und der empirischen Überprüfung seiner Ansichten für die gegenwärtige und künftige Thanatoforschung ableiten lässt, ist Gegenstand des letzten Kapitels (9).

---

[12] Bei der vorliegenden Arbeit handelt es sich somit um die stark erweiterte Fassung meiner ersten Auseinandersetzung mit Elias' Blick auf das Lebensende (Meitzler 2021a), die im Sammelband *Wissenssoziologie des Todes* (Benkel/Meitzler 2021a) erschienen ist.

Ein Klassiker der Thanatosoziologie 2

Die Thanatosoziologie ist eine soziologische Unterdisziplin, die sich dem gesellschaftlichen Umgang mit Sterben, Tod und Trauer widmet und auf diese Weise Sozialität und Endlichkeit zusammendenkt. Zwar wurde das Sujet bereits von soziologischen Gründervätern wie Auguste Comte, Max Weber, Georg Simmel oder Emile Durkheim u. a. mit Blick auf soziodemografische Effekte, das Problem der Sinnstiftung oder vor dem Hintergrund von Religion und sozialem Ordnungserhalt hier und da gestreift (Feldmann/Fuchs-Heinritz 1995), von einer umfassenden Auseinandersetzung und systematischen Durchdringung kann hier allerdings nicht die Rede sein. Auch nachfolgende Soziologengenerationen verhielten sich dem Thema gegenüber lange Zeit auffallend zögerlich. Todesbezogene Felder wurden, wenn überhaupt, nur beiläufig tangiert (etwa bei der statistischen Auswertung von Mortalitätsraten), derweil man die Kernkompetenz großzügig anderen Fächern (wie Philosophie, Theologie oder Medizin usw.) überließ.

Diese anfängliche Zurückhaltung muss aus mehreren Gründen überraschen, schließlich sind Sterben und Tod bei genauerer Betrachtung nicht lediglich natürliche Ereignisse. Wie sehr das Lebensende von sozialen Kräften bestimmt wird, offenbart sich etwa angesichts der kulturellen und historischen Variabilität von Todesfeststellungskriterien. Die Frage, wann jemand noch lebendig oder schon tot ist, kann allenfalls vor dem Hintergrund von Deutungsmacht, hegemonialer Wissensordnung und vielleicht noch diskursethischer Konsensfindung gestellt werden (Benkel/Meitzler 2018; vgl. Butler 2005: 16). Das Lebensende vollzieht sich eben nicht im luftleeren Raum, sondern inmitten einer Gesellschaft, die ihm eine spezifische Bedeutung zuschreibt und daraus ein spezifisches Wissen ableitet.

Als akademische Disziplin, deren Fokus auf das soziale Handeln und die dadurch geschaffenen sozialen Tatsachen gerichtet ist, tut die Soziologie gut

© Der/die Autor(en), exklusiv lizenziert durch Springer Fachmedien Wiesbaden GmbH, ein Teil von Springer Nature 2021
M. Meitzler, *Norbert Elias und der Tod*,
https://doi.org/10.1007/978-3-658-34654-6_2

daran, die konstruktivistischen Wurzeln der ‚Natur des Todes' freizulegen und ein Bewusstsein für ihre sozio-kulturellen Voraussetzungen zu schaffen. Dadurch lässt sich zeigen, dass der Tod ein elementares Phänomen des sozialen Für-, Mit- und Gegeneinanders darstellt, welches nicht losgelöst von Sinnzuweisungen, Aushandlungsprozessen und normativen Setzungen zu begreifen ist.

Als klassisches Vanitas-Symbol erinnert der Totenkopf an die Endlichkeit des Lebens (Projektarchiv Benkel/Meitzler).

Während solche Bereiche wie Religion, Familie, Arbeit, abweichendes Verhalten und soziale Ungleichheit von Beginn an auf ihrer Forschungsagenda standen, erkannte die Soziologie ihre Zuständigkeit für das Lebensende wesentlich später an. Erste monografische Auseinandersetzungen und einige Spezialuntersuchungen sind Ende der 1960er Jahre zu verzeichnen (für den deutschsprachigen Raum siehe Hahn 1968; Fuchs 1969). Sie markieren die Geburtsstunde der Thanatosoziologie, wenngleich ihr dieses Label erst einige Zeit später zugeschrieben wurde. Blieb die Forschungslandschaft bis zur Jahrtausendwende trotz dieser Pionierleistungen noch weitgehend überschaubar,[1] ist seither eine gewisse

---

[1] Im Unterschied zum deutsch- bildete sich im englischsprachigen Wissenschaftsraum bereits in der zweiten Hälfte des 20. Jahrhunderts ein deutlich sichtbarer Forschungszweig aus (Kearl 1989). Als besonders prägend erwiesen sich die empirischen Arbeiten von Barney G. Glaser und Anselm L. Strauss (1968; dies. 1974), auf die ich später näher eingehen werde.

Kontinuität zu beobachten. Sie spiegelt sich nicht nur in einer erhöhten Publikationsdichte wider – zuletzt mehren sich vor allem Untersuchungen im Geiste der qualitativen Sozialforschung –, sondern auch in der zunehmenden Verbindung der Thanato- mit anderen ‚Bindestrichsoziologien', etwa der Wissens- (Benkel/Meitzler 2021a), der Körper- (Knoblauch/Kahl 2017), der Kultur- (Holmberg/Jonsson/Palm 2019) und der Mediensoziologie (Moebius/Weber 2007). Ferner kann das Erscheinen von Überblickswerken und Lehrbüchern (z. B. Feldmann 2010a; Howarth 2007; Seale 1998; Thieme 2019; Thompson/Cox 2017) als Indiz für die weitere Formierung und Ausdifferenzierung der Thanatosoziologie gewertet werden.

Diese Entwicklung ist nicht zufällig. Sie bildet die Konsequenz aus gesellschaftlichen Transformationsprozessen, schließlich hat der soziale Wandel der vergangenen Jahrzehnte das Handlungs- und Wissensfeld des Todes nicht unbeeinflusst gelassen. Veränderte Problemlagen und Herausforderungen in diesem Kontext berühren allgemeinsoziologische Fragen und lassen sich mit entsprechendem Instrumentarium analysieren. Der zunehmende Anteil von hochaltrigen Menschen beispielsweise legt nahe, dass künftig das Phänomen der Sterbeprozesse eine vermehrte Aufmerksamkeit auf sich ziehen wird; die sich abzeichnende Erkenntnislücke wird epistemologische und methodische Herausforderungen mit sich bringen, die von der Medizin bzw. von ihrem Nebensegment, den Gesundheitswissenschaften, nicht vollständig abgedeckt werden können. Soziologische Expertise ist in Anbetracht solcher gesellschaftlichen Umbrüche mehr denn je gefragt, zugleich erfährt die lange Zeit weitgehend auf einem theoretisch-abstrakten Niveau operierende Thanatosoziologie insofern eine ‚Empirisierung', als sie nicht nur neue Gegenstandsbereiche, sondern auch eigenständige Feldzugänge entdeckt. In diesem Zusammenhang haben zuletzt u. a. Themen wie Sterbeorte (Thönnes 2013), Sterbebegleitung (Schneider 2014), Obduktion (Benkel 2018a), die Versorgung des toten Körpers (Coenen 2020), Phänomene wie Wachkoma (Hitzler 2010), Hirntod (Lindemann 2002) und Organspende (Kahl/Knoblauch/Weber 2017), die Bestattungs- und Friedhofskultur (Meitzler 2013) oder der gesellschaftliche Umgang mit Trauer (Winkel 2002) ein verstärktes soziologisches Interesse erfahren.

Doch trotz der Aufbruchstimmung in der jüngeren Vergangenheit wird die Thanatosoziologie der gesellschaftlichen Omnipräsenz und Tragweite ihres Gegenstandes noch immer nicht vollumfänglich gerecht. Ihren Nischenstatus im Konzert der sogenannten Speziellen Soziologien hat sie jedenfalls weiterhin nicht überwunden, und es wäre sicherlich übertrieben, hierzulande von einer Etablierung oder gar Institutionalisierung zu sprechen. Ein damit verbundenes Manko ist, dass Forschungen im Zeichen von Sterben, Tod und Trauer bislang weitgehend insular betrieben wurden. Anstelle übergreifender Konzepte und der Entstehung institutioneller Strukturen herrscht ein loses Nebeneinander von Einzelstudien mit je spezifischen theoretischen und method(olog)ischen Auseinandersetzungen. Bemühungen um einen nachhaltigen interuniversitären Austausch auf der Ebene von kontinuierlich stattfindenden Tagungen und Workshops oder der Einrichtung thanatosoziologischer Publikationsorgane blieben (im deutschsprachigen Raum) bisher langfristig erfolglos. Auch fällt die Suche nach einem entsprechend ausgerichteten Lehrangebot in den Curricula soziologischer Studiengänge, von wenigen Ausnahmen abgesehen, recht ernüchternd aus.[2] All dies spricht dafür, dass die Feststellung von Hubert Knoblauch und Arnold Zingerle auch 16 Jahre nach Erscheinen ihres thanatosoziologischen Überblickswerkes nicht an Aktualität verloren hat: „Von einer Spezialdisziplin der Soziologie zu reden, die sich so intensiv mit dem Tod beschäftigte wie andere ausgebildete Spezialsoziologien, sind wir (noch?) weit entfernt." (Knoblauch/Zingerle 2005: 12) Obschon das Lebensende mittlerweile nicht nur eine bio-medizinische, theologische oder rechtswissenschaftliche, sondern auch eine soziologische Stimme erhalten hat, ist offenkundig noch viel zu tun, damit sie künftig deutlicher zu hören sein wird.

Ausgehend von dieser unbefriedigenden Situation werden unter meiner Beteiligung seit Kurzem neuerliche Institutionalisierungs- und Vernetzungsbemühungen unternommen. Erste Impulse hierfür gaben zwei gemeinsam mit Thorsten Benkel an der Universität Passau organisierte sozialwissenschaftliche Fachtagungen (2018 und 2019) zu thanatospezifischen Themen, deren Ergebnisse jüngst veröffentlicht wurden (Benkel/Meitzler 2021a). Daran anknüpfend formierte sich ein Netzwerk von entsprechend interessierten Forschenden. Die Vernetzung führte zu mehreren Workshops und zur Gründung eines thanatosoziologisch ausgerichteten Arbeitskreises innerhalb der *Deutschen Gesellschaft für Soziologie*,[3] dessen fachliche Kooperation sich nicht nur in gemeinsamen Publikationen

---

[2] Kontrastierend dazu sei auch hier auf den anglophonen Raum, insbesondere auf Großbritannien verwiesen, wo die thanatosoziologische Forschung auch in institutioneller Hinsicht einen exponierten Stellenwert besitzt. Beispielsweise wurde 2005 an der University of Bath das *Center for Death and Society* gegründet. Dort sind nicht nur verschiedene Forschungsprojekte angesiedelt, sondern es werden zudem regelmäßig Tagungen, Workshops und Seminare veranstaltet. Ferner bietet das Institut Beratungen für die Regierung und Organisationen an und gibt mit dem regelmäßig erscheinenden Journal *Mortality* wissenschaftlichen Artikeln zu Sterben, Tod und Trauer eine publizistische Heimat.

[3] Nähere Informationen dazu finden sich unter: www.thanatologie.eu

(Benkel/Pierburg 2021; Benkel/Sitter 2022; Coenen/Meitzler 2021) manifestiert, sondern auch in der Konzeption eines wissenschaftlichen Periodikums, des *Jahrbuchs für Tod und Gesellschaft* (ab 2022).

Von den Institutionalisierungsinteressen der Gegenwart zurück in eine Zeit, in der an all das zwar noch nicht zu denken war, jedoch bereits ein wichtiger Meilenstein für die allmähliche soziologische Zuwendung zum Lebensende gelegt wurde. Im Jahr 1982 veröffentlichte Norbert Elias sein später in mehrere Sprachen übersetztes Buch mit dem Titel *Über die Einsamkeit der Sterbenden in unseren Tagen*, welches unbestritten als thanatosoziologischer Klassiker gilt. In dessen Vordergrund steht, kompakt zusammengefasst, die Einsicht, dass nicht die Toten, sondern die Lebenden das Sterblichkeitsproblem bewältigen müssen. Menschen in modernen Gesellschaften täten dies vor allem, indem sie Sterben und Tod verdrängen – und zwar sowohl auf einer individuell-psychologischen[4] als auch auf einer gesellschaftlich-öffentlichen Ebene. Beide Bereiche lassen sich, so lautet bekanntlich der Grundton von Elias' Gesamtwerk, nicht voneinander trennen. Als schambesetztes Thema werde der Tod in alltäglichen Gesprächssituationen gerne vermieden; überdies haben sich, so Elias, Sterbeprozesse vom heimischen Familienumfeld in Institutionen wie insbesondere das Krankenhaus und damit „hinter die Kulissen des gesellschaftlichen Lebens" verlagert (Elias 2002: 19). Darum werde heute anders als früher gestorben – steril, geräuschlos, unauffällig, abseits der Lebenden. Mit dem Tod als Abstraktum erfahre also auch das Sterben als konkretes Lebensweltgeschehen eine Verdrängung und die Sterbenden eine soziale Marginalisierung. Obwohl der Tod ein Problem der Lebenden sei, sorgen letztere sich zu wenig um die Sterbenden. Dieser Aspekt, nämlich die „Gefahr der Vereinsamung, der die Alternden und Sterbenden ausgesetzt sind" (ebd.: 73), bildet den Hauptgegenstand in Elias' Untersuchung. Statt auf die medizinisch-physische Komponente des Sterbens zu schauen, beleuchtet sie, wie sich zwischenmenschliche Beziehungsverhältnisse im Zuge von Altern und Sterben verändern.

Das Buch weist eine interessante Publikationshistorie auf. Bereits drei Jahre vor der separaten Veröffentlichung erschien eine zwölfseitige Kurzfassung (Elias 1979), die für die Ausgabe von 1982 überarbeitet und wesentlich ausgebaut wurde. Für die wiederum drei Jahre später publizierte englische Übersetzung hat Elias (1985) einen weiteren Buchabschnitt verfasst. Dieser wurde auf Deutsch

---

[4] Bei der individuellen Todesverdrängung bezieht sich Elias auf die Psychoanalyse und „gebraucht […] den Begriff mehr oder weniger im Sinne Sigmund Freuds" (Elias 2002: 16). Im Zusammenhang mit „solchen individuellen Problemen der Verdrängung des Gedankens an den Tod", aber auch davon unterscheidbar, stehen „spezifische soziale Probleme. Der Begriff der Verdrängung hat auf dieser Ebene eine andere Bedeutung" (ebd.: 18).

(unter dem Titel „Altern und Sterben. Einige soziologische Probleme") jedoch erst im 2002 erschienenen sechsten Band der deutschen Gesamtausgabe abgedruckt. Für die nachfolgenden Auseinandersetzungen habe ich bewusst mit der zweiteiligen Fassung aus der Gesamtausgabe gearbeitet, weil hier die umfassendste Darstellung der Überlegungen von Elias zu Sterben und Tod zu finden ist.[5]

Wie bereits bis hierher ersichtlich geworden sein dürfte, nimmt sich Elias diverser Aspekte an, die nicht nur den damaligen, sondern mitunter (und vielleicht mehr denn je) auch den heutigen thanatosoziologischen Diskurs bestimmen. Auf kein anderes deutschsprachiges Buch dürfte in diesem Zusammenhang häufiger verwiesen worden sein – kaum eine thanatosoziologische Dissertation und erst recht kein Überblicksartikel (siehe z. B. Feldmann 2010b) kommt ohne Elias-Referenz aus. Diese erfolgt zumeist in einem eher historischen Sinne, etwa wenn es um die Konturierung des Forschungsstandes und die Aufzählung klassischer Bezugswerke geht. In der Tat: Seit Erstveröffentlichung des Buches sind inzwischen rund 40 Jahre vergangen. Dass die Gesellschaft von 1982 nicht dieselbe ist wie die gegenwärtige, und dass die Permanenz, Reichweite und Nachhaltigkeit des sozialen Wandels neben vielen anderen Aspekten des Lebens auch den des Todes erfasst, braucht nicht weiter betont zu werden. Was der bisherigen Elias-Rezeption jenseits historisierender Rekurse indes fehlt, um ihren soziologischen Rang angemessen abzubilden, ist eine monografische Arbeit. Sie hätte zweierlei zu leisten: Erstens müsste sie eine Auseinandersetzung sein, die die Elias'sche Todesperspektive nicht nur beiläufig behandelt, sondern ins Zentrum ihrer Aufmerksamkeit rückt, und zweitens wäre überdies eine Überprüfung damaliger Postulate auf der Grundlage aktueller Forschungsdaten vonnöten. An diesem Desiderat setzt die vorliegende Untersuchung an.

Ausgehend von eigenen empirischen Erkenntnissen möchte ich Elias' Buch ‚neu lesen' und nach seiner Aktualität befragen. Dies geschieht insbesondere in Anlehnung an verschiedene den Prämissen der qualitativen Sozialforschung folgende Projekte (unter der Leitung von Thorsten Benkel), in die ich über mehrere Jahre hinweg als Mitarbeiter involviert war. In einer Studie zum *Wandel der*

---

[5] Es ist vermutlich wenig bekannt, dass sich Elias neben seiner wissenschaftlichen Auseinandersetzung auch im ästhetischen Zusammenhang mit dem Lebensende befasst hat. In der Sammlung seiner (Nach-)Dichtungen, die wenige Jahren vor seinem Tod erschienen ist, finden sich zahlreiche teils drastische Verweise auf das Sterben, auf den Krieg, auf Leichen und Vergänglichkeit. Den zweiten Hauptabschnitt der Lyriksammlung hat Elias gar „Totentänze" überschrieben, womit begrifflich an mittelalterliche Allegorien über die Endlichkeit des Lebens angeschlossen wird (vgl. Elias 1987a: 19 ff.; zu Elias als Schriftsteller generell Dörfelt-Mathey 2015).

Bestattungskultur (2012–2014; Goethe-Universität Frankfurt am Main) wurde untersucht, inwiefern sich der rituelle Umgang mit Sterblichkeit und toten Körpern seit etwa 30 Jahren verändert und welche gesellschaftlichen Triebkräfte für diesen Wandel verantwortlich sind (Benkel 2012; Benkel/Meitzler 2013; Meitzler 2012a). Eine anschließende Untersuchung zur *Autonomie der Trauer* (2014– 2016; Kooperation zwischen den Universitäten Passau, Erlangen-Nürnberg und dem Kulturwissenschaftlichen Institut Essen) befasste sich mit selbstbestimmtem Trauerhandeln im Kontext der in Deutschland illegalen Praxis der privaten Aneignung von Totenasche (Benkel/Meitzler/Preuß 2019). Im Vordergrund des nachfolgenden Forschungsprojekts *Die Pluralisierung des Sepulkralen* (2016– 2018; Universität Passau) standen Prozesse der sepulkralen Ausdifferenzierung und daraus resultierende Umgangsformen mit dem Verlust einer Sozialbeziehung (Benkel/Meitzler 2019a). Ein weiteres Forschungsvorhaben mit dem Titel *Artefakt und Erinnerung* (Kooperation der Universitäten Passau und Rostock; 2018–2022) widmet sich dem Zusammenhang von Körperlichkeit, Materialität, Trauer und Gedenken am Beispiel eines vergleichsweise ungewöhnlichen Sepulkralphänomens: der Herstellung von Edelsteinen (wie z. B. Diamanten, Rubine, Saphire) aus Elementen der Kremationsasche von Verstorbenen (Benkel 2020a; Benkel/Klie/Meitzler 2019 [englische Übersetzung 2020]; Klie 2020; Meitzler 2020a). Abseits dieser Projekte habe ich punktuell noch in weiteren todesbezogenen Feldern geforscht, etwa im Bereich der klinischen Pathologie und Rechtsmedizin, der Thanatopraxie, des Heimtiertodes sowie im Hospizkontext (Meitzler 2016a; ders. 2018a; ders. 2019a).

Aus den genannten Forschungen zu verschiedenen Facetten des Spannungsverhältnisses von Sterblichkeit und Gesellschaft wurde ein umfangreicher Datenkorpus gewonnen. Er besteht aus über 150 narrativen Interviews (beispielsweise mit Hinterbliebenen und Berufsexperten), mehr als 80.000 Fotografien (überwiegend von Begräbnisorten und anderen Memorialstätten) sowie zahlreichen Protokollen ethnografischer Beobachtungen an unterschiedlichen für Sterben, Tod und Trauer relevanten Orten (Krankenhäuser, Hospize, Beerdigungsinstitute, Bestattungsmessen, Friedhöfe und dergleichen). Wie immer, wenn es um empirische Forschungsmaterialien geht, darf die theoretische Perspektive nicht vernachlässigt werden. Insofern ist diese Arbeit auch als Ausdruck der Absicht zu verstehen, die Anschlussfähigkeit des Elias'schen Theoriegebäudes für empirische Analysen konkreter Gegenwartsphänomene aufzuzeigen. Dies dürfte durchaus in seinem Sinne sein, da er die wechselseitige Abhängigkeit von Theorie und Empirie immer wieder betont hat:

„Ohne diese Doppelgleisigkeit bleibt der Erkenntniswert soziologischer wie anderer wissenschaftlicher Untersuchungen fragwürdig. Rein empirische Untersuchungen, also Untersuchungen ohne Theoriebezug, sind wie Seereisen ohne Karte und Kompaß – durch Zufall findet man manchmal einen Hafen, aber das Risiko des Scheiterns ist groß. Theoretische Untersuchungen ohne Empiriebezug sind im Grunde meist Elaborationen vorgefaßter dogmatischer Ideen; die Dogmen sind dann glaubensmäßig festgelegt und durch keine empirischen Belege, durch keine Detailuntersuchungen zu widerlegen oder zu korrigieren. Allenfalls sucht man sie a posteriori durch ein paar empiriebezogene Argumente zu festigen. So mögen dann wohl gelegentlich auch einige geglückte Einzelideen wie ein paar Fettaugen auf einer dünnen philosophischen Suppe schwimmen." (Elias 1978b: 25)

Ferner möchte ich die Denkanstöße herausarbeiten, die sich aus den von Elias gebotenen Überlegungen für die Thanatosoziologie, aber auch für weitere soziologische Subdisziplinen ableiten lassen.

Wissenssoziologische Implikationen 3

Auch wenn man bei der Suche nach einschlägigen wissenssoziologischen Autoren nicht an erster und vermutlich auch nicht an zweiter Stelle auf den Namen Norbert Elias trifft, erweist sich die Rezeption seines Werkes aus einer entsprechend informierten Perspektive als gewinnbringend. Elias entwickelt anhand der Zivilisationsgeschichte eine eigenständige Theorie prozessualer Wissenskonfigurationen, mit der er eindrucksvoll verdeutlicht, dass Wissen nicht lediglich vorhanden ist, sondern dass seine unterschiedlichen Quellen und deren Geltung (z. B. Mythen, Aberglaube, aber auch Wissenschaft) von historisch gewachsenen Beziehungsengagements und Machtverhältnissen abhängig sind. Die Elias'sche Figurationssoziologie ist insofern auch eine Wissenssoziologie, als sie die Prozesshaftigkeit der Entstehung, Entwicklung und Verbreitung von Wissen betont und damit einen Gegenentwurf zu einem eher statischen Wissensmodell bietet.

Elias' Nähe zur Wissenssoziologie wird nachvollziehbarerweise in denjenigen seiner Werke besonders gut erkennbar, in denen er explizit auf den Wissensbegriff bzw. auf unterschiedliche Arten, Bedeutungen und Figurationen von Wissen zu sprechen kommt. In seinen Auseinandersetzungen mit „Wissen und Macht" (Elias 2005) beschäftigt er sich beispielsweise mit der Verteilung von Wissen in früheren Gesellschaften. Hier nennt er u. a. das Beispiel der zeitgenössischen Priester als

„Wächter des Wissensvorrats einer Gesellschaft. Sie verteilten das, was die Menschen, neben einigen anderen grundlegenden Bedürfnissen wie physische Sicherheit und Nahrung, am dringendsten brauchten – zusätzliche Orientierungsmittel. Daß das Wissen, das die Priester bewachten und schufen, nicht den Charakter von wissenschaftlichem Wissen hatte, sollte nicht von der Tatsache ablenken, daß die Beschaffung von Wissen und seine Umsetzung in soziale Praktiken eine elementare soziale Funktion erfüllte" (ebd.: 291).

M. Meitzler, *Norbert Elias und der Tod*,
https://doi.org/10.1007/978-3-658-34654-6_3

Ausgehend vom priesterlichen Wissen schlägt Elias die Brücke zum Tod:

> „In früheren Zeiten waren die Menschen den Launen der Natur, der Bedrohung durch Krankheiten und physische Verletzbarkeit sowie unzählige andere Unbilden um ein Vielfaches hilfloser ausgesetzt als heute. Sie starben wesentlich früher. Die Priester ‚wußten‘, warum den Menschen das alles widerfuhr. Sie wußten, wie man mit den unsichtbaren Mächten kommunizierte […]. Die Priester wußten auch, was nach dem Tod mit den Menschen geschah und wie man die Angst vor Bestrafung linderte, die einem nach seinen Missetaten im Leben drohte." (Ebd.)

Diese Art des Wissens bezeichnet Elias als „[m]agisch-mythisches Wissen", welches nicht jedem zuteilwurde, sondern das nur durch „spirituelle Offenbarung" erlangt werden konnte. Ihr Wissensmonopol brachte den Priestern somit eine machtvolle Position gegenüber all jenen ein, die „dieses Wissen benötigten" (ebd.).

Doch nicht lediglich *ex post* vorgenommene Zuschreibungen und entsprechende Interpretationen seiner Arbeiten rechtfertigen es, in Elias einen Wissenssoziologen zu sehen. Er war bekanntlich Assistent von Karl Mannheim, dem Exponenten einer ‚frühen‘ Wissenssoziologie,[1] mit dem er „die Annahmen der sozialen Standortgebundenheit des Denkens sowie der Zurechnung von Denkstilen bzw. Wissensformen zu Trägergruppen" teilt (Kneer 2010: 714). Es ist behauptet worden, dass sich gerade im „Bereich der Wissenssoziologie" zwischen Elias und Mannheim, die fast gleichaltrig waren, die „einschlägigsten Parallelen" finden lassen (Kilminster 1996: 359), und es wurde ebenfalls betont, dass hier keine einseitige, sondern eine wechselseitige Beeinflussung vorlag (vgl. Barboza 2009: 114). Bei Elias findet die Wissenssoziologie der Mannheim'schen Prägung (Mannheim 1964) insbesondere in seiner von Mannheim betreuten Habilitationsschrift über *Die höfische Gesellschaft* (Elias 1969), partiell aber auch in *Über den Prozess der Zivilisation* (Elias 1976a; ders. 1976b) ihren Niederschlag.

Ins der späteren Rückschau stellt sich manches Detail des Verhältnisses zu Mannheim allerdings etwas anders dar, wie eine Passage in Elias' Einführungswerk *Was ist Soziologie?* deutlich macht. Dort kritisiert er die (frühe) Wissenssoziologie dafür, vorrangig lediglich „den Zusammenhang vorwissenschaftlicher Ideen, der Ideologien, mit gesellschaftlichen Strukturen aufzuzeigen" (Elias 1970: 39; vgl. ebd.: 56). Der Verweis auf die „Ideologien" zielt offenkundig auf Mannheim ab, insbesondere auf dessen prominentestes Werk *Ideologie und Utopie*,

---

[1] Historisch betrachtet, war nicht Mannheim, sondern Max Scheler der ‚erste‘ Wissenssoziologe (Scheler 1960). Schelers Zugang verlief dabei allerdings stärker vor einem philosophisch-anthropologischen und metaphysischen Hintergrund, der mit dem Erkenntnisfokus von Mannheim (und auch Elias) wenig gemein hat.

das 1929 erschien – und damit just in der Zeit, in der Elias Mannheims Mitarbeiter war. Die dort vorfindliche Idee der „„Seinsverbundenheit' des Wissens" an einen bestimmten Standpunkt impliziert, dass nur unter den Anstrengungen der wissenschaftlichen Distanz, genauer: in Form eines „freischwebende[n] ‚Bewußtsein[s] überhaupt'" (Mannheim 1969: 260) eine ideologiefreie Erkenntnisposition zu haben ist. Diesbezüglich hegt Elias etwas andere Vorstellungen, die er u. a. an der Medizin exemplifiziert. Sie sei keineswegs per se standortgebunden, d. h. ideologisch, denn ihre Leistungen seien in ‚objektiver' Form feststellbar (vgl. Elias 1990: 144; zur Kritik an Mannheim siehe ferner Merz-Benz 1997). Auch in anderen Details bestehen zwischen Elias und Mannheim – der wie sein einstiger Assistent vor den Nationalsozialisten ins britische Exil geflohen war, wo er 1947 starb – gewisse Differenzen. Auf die Frage, ob das intellektuelle Verhältnis von Mannheim und Elias in der Heidelberger Zeit besonders eng gewesen sei, antwortet letzterer: „Das ist etwas schwer zu sagen, denn ich hatte auch manches gegen ihn einzuwenden. Nein, ‚intellektuelle Bezugsperson' ist übertrieben." (Elias 1990: 51)

Dennoch hat Elias sich selber durchaus als Wissenssoziologe verstanden. Ein erstes Signal in diese Richtung sendet sein kurzer Beitrag zum Zürcher Soziologiekongress 1928, bei dem – auch hier in Auseinandersetzung mit Thesen Mannheims – um das Wesen der Wissenssoziologie gerungen wurde (Elias 1981b; näher: Meja/Stehr 1981). Die nächste ausdrücklich wissenssoziologische Beschäftigung erfolgte erst wesentlich später: 1970 hielt Elias unter dem Titel „Sociology of Knowledge" einen Vortrag innerhalb der *Arbeitsgruppe Wissenssoziologie* beim 7. Weltkongress für Soziologie in Varna, der zunächst in der britischen Zeitschrift *Sociology* (Elias 1971), sodann in abgewandelter Form in den Verhandlungsakten des Kongresses (Elias 1973) und schließlich in einem Band der britischen Gesamtausgabe publiziert wurde, der explizit der *Sociology of Knowledge and the Sciences* (Elias 2009) gewidmet ist. Auf Deutsch erschien der Aufsatz lediglich im Rahmen der Gesamtausgabe (Elias 2006a). Während Elias darüber hinaus Texte allgemeinen Charakters zur Wissen(schaft)ssoziologie verfasste (z. B. Elias 2006b) und ferner eine Aufsatzsammlung unter dem Titel *On Civilization, Power, and Knowledge* vorliegt (Elias 1998), sind seine beiden Bände *Engagement und Distanzierung* (Elias 1983) und *Über die Zeit* (Elias 1984) jeweils vom Autor selbst mit der Zuordnung *Arbeiten zur Wissenssoziologie* versehen worden.

Die erste dieser beiden Publikationen beinhaltet Einzeltexte, in denen Elias die Schnittstellen von Zivilisationstheorie, Wissenschaftstheorie und Wissenssoziologie auslotet. Im Zentrum steht die Frage nach dem Modus der Zugewandtheit des Menschen zu seiner Umwelt im Allgemeinen und des Wissenschaftlers zu seiner Forschung im Besonderen. Diese Zuwendung bewegt sich zwischen zwei

Extremen: einem affektiven Engagement auf der einen und einer kühlen, affekt-
freien Distanzierung auf der anderen Seite. Beide Pole treten, wie Elias betont,
nicht in Reinform auf, sondern seien eher in einem idealtypischen Sinne zu verstehen. „Die Möglichkeit eines jeden geordneten Gruppenlebens" beruhe somit
„auf dem Zusammenspiel zwischen engagierenden und distanzierenden Impulsen
im menschlichen Denken und Handeln, die sich gegenseitig in Schach halten"
(Elias 1983: 10).

Das Verhältnis von Engagement und Distanzierung liege Elias zufolge nicht
nur bei Einzelpersonen vor, sondern lasse sich auch auf figurativ zusammenge-
haltene Gruppierungen und ganze Gesellschaften übertragen. In der allgemeinen
Gesellschaftsentwicklung sieht er eine Tendenz zu einem Mehr an Distanzierung, die in einem Zusammenhang mit der Kontrolle der „nicht-menschlichen
Natur" steht (ebd.: 19). Dabei gehe das „Wachstum des menschlichen Vermö-
gens, Naturgewalten zu begreifen und eigenen Zwecken dienstbar zu machen"
mit „spezifischen Veränderungen in den Beziehungen der Menschen zueinander"
einher (ebd.: 20). Das bedeutet also: „Der gleiche Prozeß, der die Abhängigkeit
der Menschen von den unkontrollierbaren Launen der Natur vermindert, verstärkt
ihre Abhängigkeit voneinander." (Ebd.: 21) Der Text stellt auf diese Weise eine
Art „wissenssoziologische Verlängerung des Buches ‚Über den Prozeß der Zivilisation'" (Korte 2013: 39) dar und lässt sich zudem als eine reflexive Geschichte
der Wissensvermehrung und der Genese moderner Wissenschaften lesen.

In seinem zweiten wissenssoziologischen Band befasst sich Elias mit der Entstehung und Entwicklung des Zeitbewusstseins und veranschaulicht, dass Zeit
eben nicht lediglich eine natürliche Begebenheit und, darauf aufbauend, eine phy-
sikalisch messbare Größe, sondern auch insofern von hoher soziologischer Relevanz sei, als Zeit und Gesellschaft füreinander konstitutiv sind. Um Zeit bestimmen, deuten und danach leben zu können, brauche es Gesellschaft, und gleichzeitig erfülle Zeit für diese eine koordinierende und integrierende Funktion (vgl.
Elias 1984: 19). Elias versteht Zeit als soziale Institution und als „Symbol eines
unentrinnbaren und allumfassenden Zwanges" (ebd.: XXX), während das „Zeit-
bestimmen [...] eine spezifische Form der Verknüpfung oder Synthese von Ereig-
nissen" bedeute (ebd.: 70). Wenig überraschend, jedoch im Gegensatz zu anders-
lautenden Annahmen betrachtet Elias ebendiese Syntheseleistung, also das In-
Zusammenhang-Bringen verschiedener Abläufe, nicht als von Geburt an gegeben,
sondern als zivilisatorisch erlernt, als Resultat der „Arbeit einer langen Generatio-
nenkette" (ebd.: 35). Die Art und Weise, wie und anhand welcher Orientierungs-
hilfen Menschen Zeit bestimmbar machen – etwa durch die Wahrnehmung körperlicher Bedürfnisse, die Beobachtung von Naturereignissen oder die Entwicklung

von Messgeräten – und wem dabei die Wissens- und Definitionshoheit zuteilwird,[2] sei wiederum dem historischen Wandel unterlegen. Letzteren zeichnet Elias in seinem Buch nach, indem er anhand diverser Beispiele aus der Geschichte deutlich macht, wie sehr die Notwendigkeit des Zeitbestimmens zum Zweck der „Regulierung des zwischenmenschlichen Verkehrs" (Elias 1984: XIII) aus einer Verlängerung, Ausdifferenzierung und Komplexitätssteigerung der Interdependenzketten resultiert. Uhren und Kalender erweisen sich dabei als die sozialen Taktgeber und Ordnungsgaranten der modernen Gesellschaft (siehe auch Wendorff 1980; zur Kategorie der Zeit in Elias' Wissenssoziologie ferner Rosemann 2003). Sie werden damit gleichsam zu technischen Instrumenten der Selbstkontrolle im Zuge des Zivilisationsprozesses.

Wer von Zeit spricht, der kann vom Tod nicht schweigen, schließlich stehen Zeit- und Endlichkeitsbewusstsein in einem engen Verhältnis, zu dem sich auch das Wissen über das Lebensende gesellt. Somit ist es nicht überraschend, dass auch Elias' Überlegungen zum Tod wissenssoziologische Implikationen enthalten.[3]

Neben seinem thanatosoziologischen Hauptwerk hat sich Elias noch in einem weiteren Text mit dem Tod bzw. der Furcht davor explizit auseinandergesetzt. Dieser basiert auf einer 1986 in Groningen gehaltenen Vorlesung, die zuerst 1990 in englischer und in der Gesamtausgabe später auch in deutscher Sprache erschienen ist (Elias 2006c). Die Furcht vor dem Tod, heißt es hier, umfasse zum einen „die Angst vor der Auslöschung der eigenen Person, die Vorstellung, daß man nicht mehr existiert, daß die Welt zwar weitergehen mag, aber man selber nicht mehr dasein könnte" (ebd.: 387). Zum anderen – und stärker – äußere sich hierin die „Furcht vor der Ungewißheit darüber, was nach dem Tod wohl passieren mag", d. h. konkret „über die Strafen, die wir nach dem Tod empfangen werden" (ebd.: 388). Mit dem Vorhandensein der zuletzt genannten Furcht gehe wiederum die historisch gewachsene Gewissensbildung einher (Kittsteiner

---

[2] Interessanterweise kommen hier erneut die Priester als ‚Wissensmonopolisten' ins Spiel, die die „ersten Spezialisten des aktiven Zeitbestimmens" einer früheren Stufe der Gesellschaftsentwicklung gewesen seien. So setze die Zeitbestimmung nämlich die Bereitschaft einer Mehrzahl von Menschen voraus, „sich einer integrierenden Autorität zu unterwerfen" (Elias 1984: 151). Diese Autorität wurde lange Zeit den Priestern zugesprochen: „Insbesondere die Koordination durch das Wissen der ‚rechten' Zeit, in der Dinge getan werden müssen, ist lange die spezielle soziale Aufgabe von Priestern." (Ebd.: 19)

[3] Zur Bedeutung der klassischen sowie der neueren Wissenssoziologie für die thanatosoziologische Forschung siehe generell Schiefer 2007. Im Sinne einer „wissenssoziologische[n] Thanatologie", die sich insbesondere dem im Alltag implizit bleibenden Todeswissen zuwendet, argumentiert auch Tirschmann 2019.

1995), die Elias stets in Abhängigkeit von der jeweiligen Gesellschaftsstruktur verstanden wissen will.

Das Verhältnis von Zeit- und Zeitmessung reflektiert in einem Sinnspruch (Projektarchiv Benkel/Meitzler)

Elias' Aufsatz zur Todesfurcht ist in wissenssoziologischer Hinsicht insofern interessant, als hier die Wissensweitergabe „von einer Generation an die nächste" und die daraus resultierende überindividuelle Wissenskumulation als „vielleicht wichtigste[r] Aspekt unserer Einzigartigkeit" begriffen wird (Elias 2006c: 395) – als zentraler Wesenszug also, der die menschliche von allen subhumanen Gattungen unterscheide. Diesbezüglich betont Elias, wie an vielen weiteren Stellen seines Werkes, die Abhängigkeiten der Menschen voneinander. Der Gedanke vom isolierten, ‚gesellschaftsfreien' Subjekt (dem *homo clausus*) sei letztlich eine Illusion: „Wir leben mit anderen Menschen zusammen, wir sind, als Individuen, völlig in das Leben anderer Menschen eingebunden, und die Tatsache, daß das, was wir sind, von unserer Beziehung zu anderen Menschen abhängt, ist in unserem Alltagshandeln einer der wichtigsten Aspekte unseres Lebens." (Ebd.: 397 f.)

Hier kommt Elias überdies auf den Sinnbegriff zu sprechen, der ebenfalls keine individuelle Angelegenheit, sondern „von der Reziprozität zwischen Menschen abhängig" sei (ebd.: 398). Sinn gewinne das menschliche Leben in säkularen Zeiten erst durch die Aufnahme von Wissen, das die vorangegangene Generation bereithält, bzw. durch die Fortführung ihrer Aufgaben sowie durch die Tradierung an die Nachwelt. Dies wiederum setze voraus, dass sich Generationen aufeinander verlassen, dass eine stabile Kette zwischen ihnen geknüpft ist und sie „einander als Gleiche gegenübertreten" (ebd.: 400). Seine Ausführungen schließt Elias mit der „Botschaft, daß wir mehr für unsere eigene Erfüllung in dieser Welt tun könnten, wenn wir der Kontinuität zwischen den Generationen gewiß sein könnten" (ebd.: 401).

Figuration als Lebensbilanz an der letzten Ruhestätte (Projektarchiv Benkel/Meitzler)

Elias' eher sozialphilosophischer Blick[4] auf die Todesfurcht weicht vom Betrachtungsgegenstand seines ‚Einsamkeits-Buches' ein wenig ab und könnte als Ergänzung verstanden werden. Anders als dieser kaum zitierte, kurz vor seinem Tod veröffentlichte Beitrag war die Monografie, in deren Schatten er steht, einflussreich und prägend. Ihre wohl am häufigsten zitierten Worte, wonach der

---

[4] Die Nähe zu philosophischen Positionen ist insofern bemerkenswert, als Elias befand, dass die Soziologie „eine große Zukunft" habe, derweil die (gemeint ist wohl: akademische) Philosophie „ganz epigonal" sei (zit. nach Greiner 1987).

Tod „ein Problem der Lebenden" (Elias 2002: 11) sei, legen nahe, dass es sich beim Lebensende um etwas handeln müsse, das zwar nicht leibhaftig erfahren, wohl aber *gewusst* werde: „Nicht eigentlich der Tod, sondern das Wissen vom Tode ist es, das für Menschen Probleme schafft." (Ebd.: 12) Um die Problematik dieses irreversiblen Todeswissens zu veranschaulichen, schreibt Elias:

> „Wenn ich hier und jetzt auf der Stelle schmerzlos tot wäre, so wäre das für mich selbst ganz und gar nichts Schreckliches. Ich wäre nicht mehr da, könnte also auch keinen Schrecken empfinden. Schrecken und Angst kann allein die Vorstellung des Todes im Bewußtsein der Lebenden erregen. Für die Toten gibt es weder Furcht noch Freude." (Ebd.: 49)

Alle nicht-menschlichen Lebewesen seien zwar ebenso *Sterbewesen;* für sie sei der Tod aber allein deshalb kein Problem, weil ihnen das Wissen davon fehle.

> „Die gefangene Fliege zwischen den Fingern des Menschen zappelt und wehrt sich wie ein Mensch in der Umschlingung eines Mörders, als ob sie wisse, welche Gefahr ihr droht; aber die Abwehrgesten der Fliege in Todesgefahr sind ein angeborenes Erbstück ihrer Art. Eine kleine Affenmutter mag ihr totes Junges noch eine Zeitlang mit sich tragen, bis sie es irgendwo am Wege fallen läßt und verliert. Sie weiß nichts vom Sterben, weder von dem ihres Kindes noch von dem eigenen. Menschen wissen dies, und darum wird für sie der Tod zum Problem." (Ebd.: 12)[5]

Demgegenüber seien Menschen nicht lediglich Wissende, sondern sie haben darüber hinaus die gattungsspezifische Eigenheit, zu wissen, *dass* sie Wissende sind – und können deshalb über ihr Wissen (etwa von der eigenen Endlichkeit) reflektieren. „Sie können", wie Elias in *Die Gesellschaft der Individuen* festhält,

> „unter bestimmten Bedingungen weiterklimmen und ihrer selbst als Wissender gewahr werden, die sich ihres Wissens über sich selbst als Wissende bewußt sind. Sie sind, mit

---

[5] Dass Elias in diesem Zusammenhang ausgerechnet das Beispiel der Fliege wählt, dürfte Zufall sein; zugleich verweist dieser Zufall aber auf Schelers Auseinandersetzung mit dem Tod, denn dort taucht ebenfalls an prominenter Position ein Zweiflügler auf. Scheler bedient sich einer Metapher: Man stelle sich vor, man befinde sich bei geöffnetem Fenster in einem Raum mit einer Mücke. Verlässt man das Zimmer und schließt die Tür hinter sich, dann besteht die Möglichkeit, dass die Mücke während der eigenen Abwesenheit durch das offene Fenster ihrerseits den Raum verlässt. Sollte sie dies tun, dann gewiss nicht deshalb, weil man selbst das Zimmer verlassen hat (vgl. Benkel/Meitzler 2021b: 16). Mit seinem bildhaften Vergleich lädt Scheler zum Nachdenken darüber ein, dass „durch die Setzung des fremden Körpers" – gemeint ist ein präsenter Leichnam, der kürzlich noch ein lebendiger Leib war – noch kein sozialer Substanzverlust beglaubigt ist (Scheler 1979: 40 f.).

anderen Worten, in der Lage, auf der Wendeltreppe des Bewußtseins von einem Stock-
werk mit seiner spezifischen Sicht zu einem höheren mit der seinen hinaufzusteigen
und herunterblickend sich selbst zu gleicher Zeit auf anderen Stufen der Wendeltreppe
stehen zu sehen" (Elias 1987b: 144f.).

Das Sterblichkeitswissen sei ein gesellschaftlich anerkannter und anschlussfähiger Wissensbestand, dessen Konturen sich im Laufe der Menschheitsentwicklung
stets verändert haben. Handelte es sich in vormodernen Zeiten noch um „Phan-
tasiewissen[]", so sei dieses im Sinne der *Entzauberung der Welt* (wie Elias in
Anlehnung an Weber schreibt) zugunsten einer Expansion von „Wirklichkeitswis-
sen[]" allmählich zurückgedrängt worden. Dieser Prozess gehe „Hand in Hand
mit der Ausweitung der effektiven Kontrolle über Ereignisse, die Menschen von
Nutzen sein können, und über Gefahren, die sie bedrohen. Altern und Sterben
gehören zu den letzteren" (Elias 2002: 78).

Etwas vom Tod zu wissen, sei keineswegs eine naturgegebene Fähigkeit,
sondern ebenso wie sprachliche Kommunikation das Ergebnis einer von gesellschaftlichen Übereinkünften und Tradierungen getragenen Sozialisation (vgl.
ebd.: 11). Aufgrund solcher Übereinkünfte würden „Vorstellungen vom Tode und
die zugehörigen Rituale [...] jeweils selbst zu einem Moment der Vergesellschaf-
tung. Gleiche Vorstellungen und Riten verbinden Menschen, verschiedene trennen
die Gruppen" (ebd.: 13). In diesem Punkt grenzt sich Elias von Scheler ab, nach
dem das Sterblichkeitswissen nicht erst im Laufe des Lebens entstehen müsse,
sondern intuitiv gegeben und somit unabhängig von Sozialisationserfahrungen sei
(Scheler 1979: 15 f.).

Das Wissen über den Tod ist einerseits als überpersönliches Allgemeinwissen
von der Faktizität des Phänomens und anderseits als persönliche Zukunftsgewiss-
heit aufzufassen. In beiden Fällen handelt es sich – in der Terminologie von
Alfred Schütz und Thomas Luckmann (2003: 156) – weder um ein Rezept- noch
um ein Gebrauchswissen. Das Wissen von der Unumgänglichkeit des eigenen
Sterbenmüssens wurde nämlich nicht durch die Nachahmung von beobachteten
Handlungen erworben, sondern beruht auf anderen Quellen (vgl. Benkel/Meitzler
2015: 234).

Abgesehen von erfahrbaren Alterungsprozessen, die sich nicht zuletzt auch in
Körperzeichen ausdrücken, ist es der ,Weltabschied' der anderen,[6] aus dem Menschen induktiv auf die Endlichkeit allen und damit auch *ihres eigenen* Lebens

---

[6] Genau hierin liegt letztlich der soziologische Kern der Todesproblematik: Es braucht
immerzu den anderen, um eine Vorstellung von Endlichkeit zu entwickeln. Elias sieht im „Anblick eines Sterbenden" eine Art *memento mori*, welches „an die Phantasieabwehr [rüttelt],
die Menschen wie eine Schutzmauer gegen die Gedanken des eigenen Todes aufzubauen

schließen – wenngleich sich die persönliche Todesgewissheit streng genommen erst im tatsächlichen Sterbemoment von einem Individualfall zum nächsten endgültig bewahrheitet (vgl. Benkel 2007: 339). Einmal erworben, lässt sich das Todeswissen nicht wieder ablegen, sondern allenfalls temporär aus dem Bewusstsein drängen. Nach Elias ist eine solche „Verdrängung und Verdeckung der Endlichkeit des einzelnen menschlichen Lebens" kein exklusives Charakteristikum der Gegenwart. „Sie ist wahrscheinlich so alt wie das Bewußtsein dieses Endes – wie die Voraussicht des eigenen Sterbens – selbst." (Elias 2002: 40) Dass die Todesverdrängung wiederum „von hoher vitaler Zweckmäßigkeit" ist, bemerkt bereits Scheler, der der Thanatosoziologie frühe Impulse verliehen hat:

> „Nur durch die Zurückdrängung der Todesidee aus der Zone des klaren Beachtungsbewußtseins wächst den einzelnen Nützlichkeitsreaktionen des Menschen jener ‚Ernst' und jene Gewichtigkeit und Bedeutsamkeit zu, die ihnen fehlten, wenn der Todesgedanke uns immer klar und deutlich im Bewußtsein gegenwärtig wäre. Wir würden unsere Geschäfte des Tages, unsere Arbeit, unsere irdischen Sorgen und damit auch alles, was der Erhaltung und der Förderung unseres Individuallebens dient, sicherlich nicht so blutig ernst und wichtig nehmen […], wäre uns immer gegenwärtig der Tod und die Kürze der Zeit, die wir hier zu weilen haben." (Scheler 1979: 28)

Dessen ungeachtet stellt sich die Frage, was Menschen überhaupt von ihrem Tod wissen können. Ungewiss ist nicht allein, wann einem ‚das letzte Stündlein' schlägt – *mors certa, hora incerta*. Ungewiss sind auch die konkreten Umstände, die dazu führen werden. Erst recht fehlen seriöse Berichte darüber, wie es ist, tot zu sein, und jeder Versuch der Lebenden, ‚sich als tot zu denken' (Bahr 2002), ist zum Scheitern verurteilt. „Das Wissen, daß der Tod eine letzte Grenze ist", notieren Schütz und Luckmann (2003: 627), „ist unzweifelhaft. Nicht unzweifelhaft ist das Wissen davon, was dahinterliegt." Auch sogenannte Nahtoderfahrungen (Knoblauch/Soeffner 1999; Duerr 2015) vermögen – entgegen dem in der westlichen Kultur prominenten Narrativ – kaum Licht ins Dunkel zu bringen, sondern verraten stattdessen etwas darüber, was *vor* dieser Grenze liegt.[7] Somit wäre zwischen einem unerreichbaren Wissen vom nicht erfahrbaren Totsein und einem erreichbaren Wissen vom leiblich erfahrbaren Sterben zu unterscheiden. In Anlehnung an Elias: Der Tod ist kein Problem der Toten – das Sterben ist jedoch

---

neigen. Die Selbstliebe flüstert ihnen zu, sie seien unsterblich. Allzu nahe Berührung mit Sterbenden bedroht diesen Wunschtraum" (Elias 2002: 17).

[7] Wie Jitschin (2021: 109) berichtet, hatte Elias 1983, ein Jahr nachdem seine Studie über das Lebensende erschienen, selbst eine Nahtoderfahrung, als er infolge eines Magendurchbruchs nur „durch eine Notoperation gerettet werden" konnte.

ein Problem der Sterbenden, weil Sterbende (Noch-)Lebende sind (vgl. Meitzler 2012b: 27).

Diese Abschiedsworte des Dadaisten Kurt Schwitters beschreiben treffend den Wissensstand zum Tod (Projektarchiv Benkel/Meitzler).

Für die Erfahrungswissenschaft Soziologie ist die in der Nichterfahrbarkeit des Todes zum Ausdruck kommende Barriere (vgl. Nassehi/Saake 2005: 31) insofern unproblematisch, als sich diese Disziplin bei genauer Betrachtung nicht für das Totsein der Toten, sondern für das darauf bezogene Handeln der Lebenden interessiert. Das hierüber verfügbare Wissen erwerben Soziologen aber nicht allein durch systematische, theoretisch wie methodisch geschulte Erkenntnissuche, sondern sie bringen bereits ein mit ihrer Lebensgeschichte verwobenes, über Sozialisation und persönliche ,Todeskontakte' gewonnenes vorwissenschaftliches Wissen von dieser „Grenzsituation per excellence" (Berger/Luckmann 1969: 108) unweigerlich mit ein.[8] Dieses lässt sich nicht einfach ablegen; vielmehr prägt es

---

[8] Auch Elias' thanatosoziologische Studie lässt sich vor dem biografischen Hintergrund des Autors lesen. In lebensweltliche ,Todesnähe' geriet Elias bereits als Soldat im Ersten Weltkrieg, während seiner Zeit im Lazarett (vgl. Jitschin 2021: 100 ff.) sowie beim späteren Verlust

das weitere Vorgehen bei der Entscheidung für oder gegen ein bestimmtes Forschungsthema, beim Feldeinstieg, bei der Erhebung und Auswertung von Daten,
bei der Theoriebildung sowie bei der Ergebnispräsentation. Umgekehrt prägen
aber auch die im Feld gesammelten Erfahrungen nicht nur den weiteren wissenschaftlichen, sondern auch den alltagsweltlichen Umgang mit der Thematik
(Knopke 2018). Eine Reflektion dieses Umstandes ist dringend notwendig und
erhält obendrein einen eigenen wissenschaftlichen Erkenntniswert. Schließlich
besitzen auch Soziologen keine Endlichkeitsimmunität; als 'Tote in spe' sind sie
selbst immerzu Teil jener Gesellschaft, deren todesbezogene Verhaltensweisen
sie untersuchen. Ihr auf kulturellen Bahnen generiertes und artikuliertes Todeswissen wird dadurch *nolens volens* zum Gegenstand der eigenen Beobachtung.
Der Tod ist somit, spitzt man das Elias'sche Diktum zu, in doppelter Weise ein
'Problem der Soziologen': als akademischer Untersuchungsgegenstand *und* als
lebensweltliche Herausforderung. Beide Ebenen lassen sich zwar analytisch, nicht
aber empirisch voneinander trennen.

In diesem Zusammenhang bietet sich ein erneuter Querverweis auf *Engagement und Distanzierung* an. Dort ist zu lesen:

> „Die Forscher selbst sind mit in diese Muster einverwoben. Sie können nicht umhin,
> sie […] als unmittelbar Beteiligte von innen zu erleben; und je größer die Spannungen
> und Belastungen, denen sie oder ihre Gruppen ausgesetzt sind, desto schwerer ist es für
> sie, den Akt der Detachierung von ihrer Rolle als unmittelbar Beteiligte zu vollziehen,
> der allem wissenschaftlichen Bemühen zugrundeliegt." (Elias 1983: 24 f.)

Elias sieht darin jedoch keinen Anlass, es mit der soziologischen Forschung von
vornherein sein zu lassen.

> „Denn während man, um die Struktur eines Moleküls zu verstehen, nicht zu wissen
> braucht, wie man sich als eines seiner Atome fühlt, ist es für das Verständnis der
> Funktionsweise menschlicher Gruppen unerläßlich, auch als Insider zu wissen, wie
> Menschen ihre eigene und andere Gruppen erfahren, und man kann es nicht wissen,
> ohne aktive Beteiligung und Engagement." (Ebd.: 30)

Mit diesen Worten wendet sich Elias gegen die lange Zeit herrschende Ansicht,
dass Forschende sich ausschließlich wie geschichtslose, objektiv-distanzierte,

---

seiner im Konzentrationslager ums Leben gekommenen Mutter. Es erscheint wohl nicht zu
weit hergeholt, würde man *Über die Einsamkeit der Sterbenden in unseren Tagen* als Elias'
persönlichsten Essay bezeichnen, in dem er „ganz auf die bis dahin praktizierten Techniken
der Distanzierung" verzichtet (Korte 2005: 98).

lediglich auf das Sammeln und Analysieren von Daten beschränkte ‚Informationsverabeitungsmaschinen' zu verhalten haben. Zugleich spricht er das an, was gegenwärtig unter Begriffen wie ‚teilnehmende Beobachtung' (oder auch: ‚beobachtende Teilnahme'), ‚lebensweltanalytische Ethnografie' und ‚Autoethnografie' zum *state of the art* der qualitativen Sozialforschung gehört.

Das Lebensende im Zivilisationsprozess

4

Wie die meisten von Elias' Schriften steht auch *Über die Einsamkeit der Sterbenden in unseren Tagen* im Lichte seiner umfassenden Theorie vom Zivilisationsprozess (Elias 1976a; ders. 1976b).[1] In diesem Kontext bringt der ‚Verbindungstheoretiker' Elias Mikro- und Makroebene zusammen, indem er ihre wechselseitige Beziehung als füreinander konstitutive Größen betont. Die Bedeutung von Sterben und Tod lässt sich demnach nur vor dem Hintergrund eines Verflechtungsverhältnisses von Individuum und Gesellschaft begreifen.

> „Auch hier sieht man, in welchem Maße Persönlichkeitsstrukturen samt den zugehörigen Vorstellungen, darunter dem Bild vom Tode, die man in der eigenen Gesellschaft als selbstverständlich und vielleicht gar als allgemein menschlich anzusehen geneigt ist, durch Eigentümlichkeiten der sozialen Struktur beeinflußt sind, die sich erst sehr allmählich im Laufe eines langen Gesellschaftsprozesses herausgebildet haben." (Elias 2002: 54)

Umgekehrt gilt, wie Elias in *Die Gesellschaft der Individuen* festhält, dass die Sterblichkeit des Menschen eine substanzielle Voraussetzung für das Verstehen der Verflechtungsbeziehung von Individuum und Gesellschaft ist: „Aber das, was hier als ‚Verflechtung' bezeichnet wird, […] kann niemals verständlich werden, solange man sich […] die ‚Gesellschaft' im wesentlichen als eine Gesellschaft von Erwachsenen vorstellt, von ‚fertigen' Individuen, die niemals Kinder waren und niemals sterben." (Elias 1987b: 46)

---

[1] Elias ausschließlich als Zivilisationstheoretiker wahrzunehmen, käme indes einer unzureichenden Verkürzung gleich. So macht beispielsweise Peter Imbusch (2013: 169) auf die wichtigen Beiträge aufmerksam, die Elias auch zu anderen Themen (wie u. a. Macht und Herrschaft) lieferte, obschon eine breitere Rezeption erst mit erheblicher Verzögerung einsetzte (dazu Dörfelt-Mathey 2015; Iterson et al. 2002; Kuzmics/Mörth 1991; Opitz 2005).

Kriegerische Auseinandersetzungen, Gebietserweiterungen und die Bildung von Nationalstaaten bzw. Gewaltmonopolen haben zu einer Neuordnung von Hierarchien und Machtbalancen, zur Verlängerung von Interdependenzketten, schließlich zur Ausdifferenzierung und Komplexitätssteigerung des gesellschaftlichen Lebens geführt. Dieser als *Soziogenese* bezeichnete, gemäß klassischer Differenzierung auf der Makroebene lokalisierte Prozess hat wiederum Auswirkungen auf die sogenannte *Psychogenese,* die als „eher individuelle Seite der Entwicklung" (Treibel 2008: 19) auf der Mikroebene für die Veränderung von Persönlichkeitsstrukturen steht (Affektdrosselung und Formalisierungsschübe, Kontrolle körperlicher Vorgänge, das Vorrücken von Scham- und Peinlichkeitsschwellen, Privatisierung diverser Lebensthemen usw.).[2]

> „Von der abendländischen Gesellschaft aus hat sich ein Interdependenzgeflecht entwickelt, das nicht nur die Meere weiter umspannt als irgendein anderes in der Vergangenheit, sondern darüber hinaus auch mächtige Binnenlandsgebiete bis zum letzten Ackerwinkel. Dem entspricht die Notwendigkeit einer Abstimmung des Verhaltens von Menschen über weite Räume hin und eine Voraussicht über weite Handlungsketten, wie noch nie zuvor. Und entsprechend stark ist auch die Selbstbeherrschung, entsprechend beständig der Zwang, die Affektdämpfung und Triebregelung, die das Leben in den Zentren dieses Verflechtungsnetzes notwendig macht." (Elias 1976b: 337)

Damit einher gehe „eine Verringerung der direkten Ängste vor der Bedrohung oder Überwältigung durch andere Wesen und [...] eine Verstärkung der automatischen, inneren Ängste, der Zwänge, die der Einzelne nun auf sich selbst ausübt" (ebd.: 399 f.). In diesem Zusammenhang wirft Elias übrigens der Wissenssoziologie vor, dass sie ihren Fokus zu sehr auf die gesellschaftliche Bedingtheit

---

[2] So einflussreich Elias' Zivilisationstheorie auf nachfolgende Wissenschaftlergenerationen bis heute ist (und gerade *weil* sie das ist), befinden sich unter ihren Rezipienten natürlich auch Kritiker. Sie traten nicht zufällig erstmals in einer Zeit auf, als Elias auf dem akademischen Parkett „den Schritt" vom Außenseiter „zum Etablierten vollzogen hat" (Schröter 1990: 42). Die wohl engagiertesten Widerlegungsbemühungen stammen von dem Ethnologen Hans Peter Duerr, der in einem fünfbändigen Werk anhand umfangreichen Quellenmaterials darzulegen versucht, weshalb der Zivilisationsprozess mehr Mythos als Wirklichkeit sei (Duerr 1988–2005). Duerr zufolge übersehe Elias, dass weder vormoderne Epochen noch autochthone, vermeintlich weniger zivilisierte Völker frei von Affektkontrolle, Selbstzwängen, Scham- und Peinlichkeitsvorstellungen (gewesen) seien. Umgekehrt sei in der modernen Konsumgesellschaft anstelle einer Erhöhung von Schamschwellen vielmehr deren Senkung zu beobachten. Daran anknüpfend wirft Duerr Elias vor, im Geiste von Kolonialismus, Evolutionismus und Euro(logo)zentrismus zu argumentieren. Lesenswerte Stellungnahmen zu dieser (nicht nur) innerhalb des soziologischen Diskurses berühmten Kontroverse finden sich u. a. bei Ernst 2000, Hinz 2002, Schloßberger 2000, Schröter 1990 und Wouters 1994.

von rationalem Handeln und Kognitionen reduziere, derweil sie die nicht minder sozial präformierten Affekte als Residualgröße vernachlässige:

„So sucht etwa die geistesgeschichtliche oder auch die wissenssoziologische Forschung den Menschen vor allem von der Seite des Wissens und Denkens her anzugreifen. Gedanken und Ideen erscheinen im Lichte solcher Forschungen gewissermaßen als das, was an der psychischen Selbststeuerung der Menschen am wichtigsten ist. Und die unbewußteren Antriebe, das gesamte Feld der Trieb- und Affektstrukturen, bleibt für sie mehr oder weniger im Dunkel. Aber jede Art von Forschung, die allein das Bewußtsein der Menschen, ihre ‚Ratio‘ oder ihre ‚Ideen‘, ins Auge fasst, die nicht zugleich auch den Aufbau der Triebe, Richtung und Gestalt der menschlichen Affekte und Leidenschaften mit in Betracht zieht, ist von vornherein in ihrer Fruchtbarkeit beschränkt." (Ebd.: 388 f.)

Angesichts der Verzahnung von sozial- und persönlichkeitsstrukturellem Wandel blickt Elias (2002: 30) auch auf „die stufenspezifische Problematik im Verhältnis der Gesunden und der Sterbenden, der Lebenden und der Toten". Nun könnte man zunächst feststellen, dass der Tod immerzu über Kultur und Zivilisation triumphiert, weil er sich sämtlichen kulturell auferlegten Zwängen widersetzt. Im Sterben zu liegen, bedeutet so gesehen auch, die zivilisatorisch antrainierte Kontrolle über körperliche Vorgänge zu verlieren und damit buchstäblich letzten Endes auf ein vorzivilisatorisches Niveau zurückzufallen. So naheliegend eine solche Schlussfolgerung zunächst ist, stellt sie sich doch bei genauerer Betrachtung als zu einseitig heraus, wie auch Matthias Hoffmann in seiner Arbeit über die *Angst vor dem ‚sozialen Sterben'* bemerkt:

„Denn was da als Sieger über die Kultur annonciert wird, ist selbst *Resultat* von Kultur. Was wir ‚Tod‘ nennen, ist abhängig von kulturellen Definitionen und innerhalb derer unter Umständen von den neuesten Erkenntnissen der Medizin. Was wir Natur nennen, verdanken wir der Kultur, ist definierte, kulturelle Natürlichkeit." (Hoffmann 2011: 199 f.; Herv. i. O.)

Weil der Tod ein Kulturgebilde ist, sind Kulturunterschiede nicht zuletzt insofern besonders aufschlussreich, als sie die Vorstellung vom ‚objektiven‘ Lebensende relativieren (Benkel 2018b). Demgemäß ist, wiederum mit Elias gesprochen, die Art und Weise, wie eine Kultur den Tod deutet und bewältigt, „weder unveränderlich noch zufällig" (Elias 2002: 84), sondern schlichtweg Ausdruck ihres zivilisatorischen Niveaus. Zwei wesentliche Prämissen des Elias'schen Oeuvre kommen hierbei zum Vorschein. Zum einen, „daß man die Struktur von Gesellschaften wie von Mentalitäten nur durch systematischen Vergleich herausfinden kann" (Elias 1990: 74), was es erforderlich mache, in langfristigen Prozessen zu denken, statt „statische[] Zustandsbeschreibungen" zu betreiben (Ernst 2010: 71). Alltagsakteure tun sich laut Elias jedoch genau hierin schwer, denn sie neigen dazu, sich die soziale Welt, in der sie leben, aus der Gegenwart und nicht aus der Vergangenheit heraus zu erklären. Zum anderen zeigt Elias auf, dass und inwiefern Transformationen gesellschaftlicher Strukturen (Soziogenese) zu Veränderungen der persönlichen Einstellungen gegenüber einem bestimmten Gegenstand führen (Psychogenese), und vice versa.

Vor dieser theoretischen Hintergrundkulisse arbeitet Elias die zeitgenössischen Besonderheiten im Verhältnis der Lebenden zum Tod heraus, indem er sie mit jenen früherer Gesellschaften vergleicht.

> „Als Gesellschaft betrachtet, war das Mittelalter eine außerordentlich unruhige Epoche. Gewalt war alltäglicher, der Streit leidenschaftlicher, Krieg oft die Regel, Frieden eher die Ausnahme. Seuchen fegten über die Erde; Tausende starben in Qual und Schmutz ohne Hilfe und Trost. Mißernten verknappten das Brot für die Armen alle paar Jahre. […] Menschen waren großer Güte fähig ebenso wie nackter Grausamkeit, offener Lust an der Qual anderer und völliger Gleichgültigkeit gegenüber ihrer Not. […] Alles in allem war in dieser mittelalterlichen Gesellschaft das Leben kürzer, die Unkontrollierbarkeit der Gefahren größer, das Sterben oft schmerzhafter […]." (Elias 2002: 22)

Elias nimmt die von permanenter Unkontrollierbarkeit und Bedrohung geprägte mittelalterliche Gesellschaft zum Ausgangspunkt, um von dort aus den Entwicklungsprozess bis zur heutigen Zeit nachzuzeichnen. Für den allmählichen Kontrollgewinn und die Verminderung äußerer Bedrohungen führt er einige Beispiele an. Die Monopolisierung der physischen Gewalt und die daraus resultierende Pazifizierung wurden zu Beginn dieser Arbeit bereits thematisiert. Hinzu kommen medizinische Fortschritte bei der Krankheitsprophylaxe und -behandlung, die Entstehung von Hygienebewusstsein mitsamt entsprechender Maßnahmen sowie verbesserte Ernährungsbedingungen. Unter derartig veränderten gesellschaftlichen Voraussetzungen haben sich auch die einzelnen Lebensverläufe gewandelt: Sie sind sicherer geworden. Die Verringerung von Kontingenz, Schutz- und Hilflosigkeit trage wiederum zum Säkularisierungsprozess in der westlichen Welt bei. Im Zuge verringerter Lebensbedrohungen und verlässlicherer Lebensaussichten sei nämlich zugleich die „Intensität des Bedürfnisses nach schützenden übermenschlichen Gewalten entsprechend lauer geworden" (ebd.: 15).

In modernen Gesellschaften, in denen so gewalt- und geräuschlos gestorben werde wie nie zuvor, bestehe zumindest in statistischer Betrachtung die Perspektive auf ein langes Leben, während sich der Tod von einer omnipräsenten, die gesamte Lebensspanne begleitenden Alltagsbedrohung in eine – je nach biografischem Standpunkt – mehr oder weniger ferne Zukunftsaussicht verwandle. Das Lebensende markiere damit erwartungsgemäß das vorausschaubare Finale im weit vorangeschrittenen Alter. Gewiss bestehe auch in der heutigen Zeit nach wie vor in jeder Lebensphase „faktische Todesgefahr" (ebd.: 50), jedoch könne man „im normalen Gang seines Lebens den Tod leichter vergessen" (ebd.: 15 f.).

Hieran wird, nebenbei bemerkt, die ‚Normalitätskonstruktion' von Altern und Sterben deutlich. Längst hat sich das Alter (mitsamt seiner weiteren Ausdifferenzierungsmöglichkeiten etwa in junges, mittleres und hohes Alter; vgl. Schenk 2011: 32) als eigene, kulturell zugeschriebene Lebensphase etabliert. Wurde dieser Abschnitt in früheren Zeiten bloß von einigen wenigen Menschen erreicht,[3] so gibt es gegenwärtig so viele Alte wie nie zuvor, und das Alter macht den längsten Zeitraum innerhalb der „Normalbiographie" (Kohli 1988) aus. Auf makrosoziologischer Ebene birgt der vielfach als ‚Überalterung der Gesellschaft' apostrophierte demografische Wandel große sozialpolitische Herausforderungen, die sich in Zukunft noch weiter verschärfen dürften. Mit Blick auf die Mikroebene, also auf den (inter-)subjektiven Nahraum, gilt es wiederum zu bedenken, dass mit dem Alter auch die Wahrscheinlichkeit des körperlichen Kontroll-, Macht- und Autonomieverlustes steigt. Insbesondere das üblicherweise von hoher Vulnerabilität und Multimorbidität gezeichnete hohe Alter wird als „spezieller Modus der körperlich-geistigen Andersheit" (Beck 2005: 12) gedeutet, was den alten Körper zum Krisenindikator bzw. Problemgenerator macht (Meitzler 2017a). Hierbei handelt es sich um ein intersubjektiv geteiltes (Körper-)Wissen, das, von einer jugendlichen Warte aus gesehen, nicht dem aktuellen persönlichen Leibempfinden entspringt,[4] sondern durch Fremdbeobachtung erlangt wird und sich nur schwer auf den eigenen, noch ‚intakten' Körper übertragen lässt. Elias, der sich nicht nur mit Tod und Sterben, sondern auch mit dem Alter(n) und

---

[3] Noch vor weniger als 150 Jahren standen die Jüngsten dem Tod am nächsten. Insbesondere die hohe Rate der Säuglingssterblichkeit trug dazu bei, dass unter den damaligen Verstorbenen fast jeder zweite das fünfte Lebensjahr nicht vollendete (vgl. Imhof 1981: 23). Einer erhöhten Mortalität unterlagen (aufgrund von Kriegen und den wesentlich riskanteren Bedingungen von Schwangerschaft und Geburt) auch diejenigen, die man heutzutage zu der Gruppe der Jugendlichen bzw. jungen Erwachsenen zählen würde (vgl. Gehring 2013: 191).

[4] Und dies, obwohl alterungsbedingte Körperveränderungen prinzipiell von Geburt an am eigenen Leib erfahren, in bestimmten Situationen besonders augenfällig und in gesellschaftlicher Anerkennung des Vorgangs gewissermaßen als ‚Natur des Körpers' verinnerlicht werden. Was zunächst noch als Entwicklung oder Reifung gedeutet wird, erhält erst zu einem späteren Zeitpunkt in Form von ‚Verfall' und ‚Altersgebrechen' seine negativ konnotierte Zuschreibung (vgl. Meitzler 2017a: 47).

der durch Alterungsprozesse forcierten Veränderung der zwischenmenschlichen Figurationen beschäftigt,[5] schreibt dazu:

„Man weiß, daß alte Menschen […] oft Schwierigkeiten haben, sich so zu bewegen, wie sich, außer den Kleinkindern, alle anderen Altersklassen normalerweise bewegen. Man weiß es. Aber es ist ein fernes Wissen. Man kann es nicht recht nachvollziehen, daß die eigenen Beine oder auch der eigene Rumpf dem Kommando des eigenen Willens nicht mehr so gehorchen, wie es normal ist. […] Man kann sich nicht vorstellen, daß der eigene Körper, der so frisch und voller Wohlgefühle ist, träge und müde und schwerfällig werden könne. Man kann sich das nicht recht vorstellen und im Grunde will man es sich auch nicht vorstellen. Anders ausgedrückt, die Identifizierung mit den Alternden und Sterbenden bereitet anderen Altersgruppen verständlicherweise besondere Schwierigkeiten. Ob bewußt, ob mehr unbewußt wehrt man den Gedanken an das eigene Sterben so gut es geht von sich ab." (Elias 2002: 69f.)

Der Gedanke, ein hohes Alter erreichen zu können (und die lebensweltliche Orientierung an der durchaus realistischen Aussicht darauf) sowie die gleichzeitige Ausblendung der negativen Begleiteffekte des Altseins, wozu letztlich auch das Sterben gehören dürfte – all dies sei in der Moderne „wahrscheinlich ausgeprägter als in weniger entwickelten Gesellschaften" (ebd.: 70).

Im Laufe des Zivilisationsprozesses werden, so ließe sich Elias' theoretischer Zugriff auf den Punkt bringen, nicht nur aggressive und jedwede anderen vorzivilisatorischen Impulse zurückgedrängt und aus dem öffentlichen Blickfeld verbannt, sondern auch Tod und Sterben.

„Gleich anderen animalischen Aspekten wird auch der Tod als Vorgang und als Gedanke während dieses Zivilisationsschubes in höherem Maße hinter die Kulissen des Gesellschaftslebens verlegt. Für die Sterbenden selbst bedeutet dies, daß auch sie in höherem Maße hinter die Kulissen verlagert, also isoliert werden." (Ebd.: 19)

Welche Indikatoren es hierfür gibt, welche Konsequenzen daraus folgen und inwieweit sich Elias' Thesen zur Tabuisierung des Todes im Allgemeinen und zur Einsamkeit der Sterbenden im Besonderen durch aktuelle empirische Daten stützen lassen, ist Gegenstand der nachfolgenden Abschnitte.

---

[5] Die globale Rezeption, die Elias bis heute erfahren hat, manifestiert sich u. a. im Kontext von Körperlichkeit und Altern. Für den diesbezüglich besonders interessierten brasilianischen Raum siehe beispielsweise Agra do Ó 2008; Lucena 2017; Santos/Faria/Patiño 2018.

Verschwinden und Rückkehr der Leiche

Neben demografischen bzw. biografischen forcieren Elias zufolge auch räumliche Faktoren einen Verlust von sozialer Todespräsenz. Befanden sich sterbende und tote Körper in früheren Zeiten typischerweise im Aktionsbereich familialer Fürsorge und gemeinschaftlicher Abschiedszeremonien, so zeichnen die zurückliegenden Jahrzehnte der Professionalisierung, Technisierung, Medikalisierung und Institutionalisierung ein gegenläufiges Bild. Ausgebildete „Todesexperten" (Nassehi 2007) wie Mediziner und Bestatter verfügen über ein das Alltagswissen der Laien übersteigendes Sonderwissen und verrichten ihre Arbeit auf einer gegenüber den Blicken der Öffentlichkeit wie auch der Angehörigen weitgehend abgeschotteten Hinterbühne:

> „Niemals zuvor in der Geschichte der Menschheit wurden Sterbende so hygienisch aus der Sicht der Lebenden hinter die Kulissen des gesellschaftlichen Lebens fortgeschafft; niemals zuvor wurden menschliche Leichen so geruchslos und mit solcher technischer Perfektion aus dem Sterbezimmer ins Grab expediert." (Elias 2002: 29)

Diese Verschiebung lässt sich vor dem Hintergrund einer veränderten Sozialstruktur plausibilisieren. Im vorindustriellen Zeitalter lebten viele Menschen in Dörfern und waren größtenteils in der Landwirtschaft beschäftigt. Sie verstanden sich nicht als individuelle Persönlichkeiten, sondern als Teil eines Kollektivs, also einer überwölbenden sozialen Einheit. Ihr Alltag spielte sich in einem Bezugssystem ab, das im Sinne von Ferdinand Tönnies (1991) dem einer *Gemeinschaft* als sozusagen ‚ursprünglichster' Form des menschlichen Zusammenlebens entsprach. Infolge solcher Modernisierungsprozesse wie Industrialisierung und Urbanisierung wandelte sich die von Solidarität, Bekanntschaft und geteilten Interessen geprägte Gemeinschaft allmählich zur *Gesellschaft,* welche demgegenüber durch ein höheres Maß an zwischenmenschlicher Komplexität, Arbeitsteilung, Anonymität und Eigennutz, also durch zweckrationale Willensakte gekennzeichnet ist.

M. Meitzler, *Norbert Elias und der Tod,*
https://doi.org/10.1007/978-3-658-34654-6_5

Parallel dazu entfaltete sich eine Hinwendung zur bürokratischen Verwaltung gesellschaftlicher Vorgänge (z. B. durch vertragliche Regelungen, Vorschriften, Dienstwege, zeitliche Taktung usw.), wie Weber (1976: 551 ff.) aufgezeigt hat. Im Modus der Gesellschaft ist Sterben weniger denn je ein *öffentliches* Geschehen, an dem lange Zeit nicht nur die Familie, sondern die gesamte nachbarschaftliche Umgebung partizipierte. ‚Direkte' Betroffenheit empfinden heute hingegen nur mehr enge Verwandte und Freunde, die aber trotz dieser affektiven Komponente an der Ausgliederung des toten Körpers aus der ‚Welt der Lebenden' nicht aktiv mitwirken müssen. Aufgrund verlängerter Figurationsketten werden Zuständigkeiten an professionelle Akteure delegiert, die einer effizienzorientierten Arbeitslogik unterworfen sind und zu den Sterbenden bzw. Toten für gewöhnlich kein persönliches Verhältnis hegen. Die derartig versachlichten, routinisierten, arbeitsteilig organisierten und an festen Regelhaftigkeiten ausgerichteten Abläufe der modernen „Verwaltung des Todes" (Benkel 2012) ermöglichen aufseiten der Hinterbliebenen eine gewisse Entlastung, indem sie zugleich eine Entfremdung von der buchstäblichen Handgreiflichkeit des Todes bewirken (siehe auch Blok 1982: 178 f.).

Angesichts der hierdurch bedingten Invisibilisierung und Marginalisierung des sterbenden bzw. toten Körpers wird überdies ein Wandel von ‚Todeswissensgeneratoren' erkennbar. Während sich nämlich das Wissen um Sterben und Tod in früheren Tagen noch im Wesentlichen aus der leibhaftigen Begegnung mit Sterbenden und Toten speiste, wurden solche „Primärerfahrungen" zunehmend von „Sekundärerfahrungen" abgelöst (Feldmann 2010a: 70). Hierzu zählen insbesondere todesbezogene Inhalte der modernen Massenmedien. Auch wenn wir heute nicht alles, was wir über Sterben und Tod wissen, durch die Medien wissen (vgl. aber Luhmann 1996: 9), braucht man dank entsprechender Darstellungen in Filmen, Serien, Literatur oder Theater offenbar keine echte Leiche in Augenschein genommen zu haben, um zu ‚wissen', wie ein toter Körper ungefähr aussieht – und man muss einen solchen auch nicht selbst berührt haben, um sich wenigstens annähernd vorstellen zu können, wie er sich anfühlt (vgl. Meitzler 2017b: 119).

Elias' Ausführungen legen nahe, dass einerseits die ‚Körperpflege' aus dem Verantwortungsbereich der (angehenden) Hinterbliebenen gleitet, ihnen andererseits nach wie vor – und vielleicht umso mehr? – die *Erinnerungspflege* obliegt. Durch entsprechende Rituale

„mag die Erinnerung an den toten Menschen frisch und lebendig bleiben; die Bedeutung der Leichen und der Gräber als Focus der Gefühle ist geringer geworden. Michelangelos Pietà, die trauernde Mutter mit dem Leichnam ihres Sohnes, ist als Kunstwerk verständlich geblieben, als wirkliches Ereignis kaum vorstellbar" (Elias 2002: 35).

Die Aufbahrung eines Toten vor den Augen seiner trauernden Hinterbliebenen – eine vormals vertraute Konstellation ist mittlerweile zu einer Szene mit Seltenheitswert geworden (Privatarchiv Matthias Meitzler).

Hier deutet Elias an, was sich anhand einer analytischen Differenzierung zwischen den *zwei Körpern der Toten* konzeptionell näher fassen lässt (vgl. Benkel 2013: 58 ff.; ders. 2016: 21 ff.). Mit der Feststellung des Todes spaltet sich der menschliche Leib in zwei Körper auf. Der erste Körper meint den Leichnam, der – im Dienste der (Wieder-)Herstellung von sozialer Ordnung – auf kulturspezifische Weise behandelt, d. h. letztendlich unsichtbar gemacht wird. Demgegenüber bezeichnet der zweite Körper jene materielle, visuelle oder schlichtweg kognitive Repräsentanz, die für die Erinnerung der Lebenden an die Toten von Bedeutung ist. Letztere erscheinen im Gedenken nicht als tot, sondern als lebendig und erhalten dadurch eine gewisse *parasoziale* Fortpräsenz. Ein Beispiel für die Relevanz des zweiten Körpers ist der Einsatz von Fotografien als „Präsenzvehikel" (Hitzler 2017). Verbindet man die Semantik der zwei Körper mit den Schilderungen von Elias, so lässt sich konstatieren, dass im Unterschied zur vormodernen Gesellschaft heutzutage nicht mehr beide Körper im Fokus der Angehörigen stehen. Setzen Trauer und Erinnerung in erster Linie am zweiten

Körper an, so ist der erste Körper *marginalisierte Materialität,* die meist schlagartig aus dem Blickfeld der Angehörigen verschwindet und spätestens mit der Bestattung seiner Sichtbarkeit auch dauerhaft beraubt wird.

Die Unterscheidung der zwei Körper der Toten bestätigt die Ambivalenz des gesellschaftlichen Umgangs mit dem Tod: Während die Leiche ‚verschwinden‘ muss, ist die ‚harmlose‘, überwiegend individuell betriebene Erinnerungsarbeit an den Toten als Kulturelement geduldet und findet immer wieder neue Ausdrucksformen. Das Problem der Lebenden liegt, wenn es um den Tod geht, also genau genommen darin, ihre Trauer, vielleicht auch ihre eigene Todesfurcht in Bahnen zu lenken, die in der Gesellschaft, in der sie weiterleben, akzeptiert sind. Wie man über Sterben und Tod denkt, redet oder auch schweigt, ist nie unabhängig von dem Umfeld, in dem man denkt, redet oder schweigt.

Es passt zur Argumentationslinie von Elias, dass nicht nur der Leichnam für das Gefühlsleben der Hinterbliebenen eine geringere Rolle als in der Vergangenheit spielt, sondern auch die Grabstätte. Aus meiner eigenen empirischen Anschauung heraus lässt sich sagen, dass Gräber zwar auch heute noch für viele Menschen eine wichtige Anlaufstelle sind und nach wie vor bedeutsame Funktionen erfüllen; als Trauerorte haben sie aber längst an Exklusivität verloren. Weil neben zahlreichen anderen gesellschaftlichen Feldern auch in diesem Zusammenhang Mehrdeutigkeit und Ambivalenz an die Stelle von Eindeutigkeit und Gleichheit getreten sind, kann die Frage nach dem konkreten Stellenwert der Beisetzungsstätte für das Erleben von Trauer und Erinnerung weniger denn je pauschal beantwortet werden. In Zeiten gesellschaftlicher Pluralität, die nicht nur die Prozeduren der Lebensführung, sondern auch die des Leben*sendes* erfasst, unterliegen selbst solche konventionellen und lange Zeit unhinterfragten Bezugspunkte wie das Grab nicht mehr länger einem breiten kollektiven Konsens, sondern werden verstärkt zum Produkt der persönlichen Haltung und Sinngebung.

In dem von mir miterhobenen und -ausgewerteten Datenmaterial kommt eine Tendenz zur *Delokalisierung* von Trauer und Erinnerung zum Ausdruck. Nicht wenige Personen, die ich zu ihren Erfahrungen, Einstellungen und Wünschen im sepulkralen Kontext interviewt habe, geben zu verstehen, dass ihr Totengedenken keineswegs an eine feste Lokalität gebunden sei. So berichtet beispielsweise eine Witwe, seit der Beisetzung ihres Ehemanns nur noch selten an seinem *Grab* gewesen zu sein, „weil da ist er nicht, da liegt seine Asche" (M35, 63:22).[1] Die kognitive Abtrennung einer geliebten Person von dem offenbar nicht mit ihr identischen Körperrest blickt auf eine jahrtausendealte Kulturgeschichte zurück. In

---

[1] Die Angaben hinter diesem und allen weiteren Interviewzitaten entsprechen der projektinternen Codierung.

den besagten Interviews ist sie kein seltenes Motiv, wie eine weitere Wortmeldung deutlich macht: „Wenn wir zum Friedhof gegangen sind, da hab' ich immer
gesagt, da ist nicht mein Vater, da liegt nur ein Haufen totes Fleisch, das verfault.
Und darüber ist ein Blumenbeet." (M89, 18:13)

Wenn dem ersten Körper und seiner Verortung keine größere Relevanz
zukommt, so könnte man die beiden Statements lesen, dann wird die Nähe zu
den Toten über den Besuch ihrer Grabstätte weder gefunden noch gesucht. Ähnlicher Auffassung scheint im Übrigen auch Elias gewesen zu sein. Als er ein
paar Jahre vor seinem Tod in einem Interview danach gefragt wurde, ob er sich
Gedanken über seinen künftigen Begräbnisort mache, äußerte er sich lapidar über
das, was dann dort begraben sein wird: „Das bin dann nicht ,ich'." (Elias 1990:
101) Es klingt fast so, als haben die Gräber mit den Toten nichts zu tun.

Während der im Grab verborgene Leichnam also weniger denn je „das materielle Zentrum von Trauerhandlungen" (Stöttner 2018: 195) bildet, gewinnen
alternative Räume an Gewicht, die die Bedeutsamkeit des tatsächlichen Begräbnisplatzes relativieren. Bekannte Beispiele sind Unfallkreuze am Straßenrand oder
andere bald temporäre, bald dauerhafte Arrangements an öffentlichen Stätten,
an denen Menschen durch Gewalteinwirkung ums Leben gekommen sind. Dazu
gehören auch so genannte ,Ghost Bikes'. Es handelt sich um weiß angestrichene
Fahrräder, die seit 2003 in einigen Großstädten als Mahnmale für die an dieser
Stelle tödlich verunglückten Radfahrer platziert werden (Dobler 2011). Hervorzuheben sind außerdem Orte in der Natur, die als Bezugspunkte von Trauer-,
Gedenk- und Erinnerungshandlungen fungieren können, ohne als solche entsprechend markiert zu sein. Nicht zuletzt das Internet hat im Hinblick auf die
Delokalisierung stark an Bedeutung gewonnen (Benkel 2018c; Offerhaus 2016;
Seibel 2018). Neben diversen anderen Optionen können Trauernde beispielsweise
ein virtuelles ,Grab' für den Verstorbenen (und damit vielmehr: für die Lebenden)
anlegen und dieses gemäß persönlicher Vorstellungen gestalten. All das geschieht
unabhängig vom ,greifbaren' physischen Raum und trägt somit den Usancen einer
hochmobilen Gesellschaft Rechnung, in der häufige Wohnortwechsel nicht unüblich sind. Mit der Delokalisierung geht auch eine *Dekorporalisierung* von Trauer
und Erinnerung einher. Die Online-Friedhöfe sind ,Friedhöfe ohne Leichen', sie
akzentuieren also nicht den ersten, sondern allein den zweiten Körper. Während
diese Referenzen in Form von bewegten wie unbewegten Bildern, Texten und
bisweilen auch Klängen zu jeder beliebigen Zeit und an nahezu jedem beliebigen
Ort auf dem Display des Computers, Smartphones oder eines anderen Endgeräts
aufgerufen werden können, erfährt der marginalisierte erste Körper ein anderes
Schicksal.

Eine Einkaufspassage wird zur Stätte der öffentlichen Trauerbekundung und symbolischen Anteilnahme (Projektarchiv Benkel/Meitzler).

Doch wie so oft stellt sich heraus, dass die soziale (und mit ihr auch die sepulkrale) Wirklichkeit komplizierter ist, als mit Begriffen eingefangen werden kann. Wer dies nicht wahrhaben will und sich auf bestimmte, ideologisch starre Positionen zurückzieht, der übersieht jene Phänomene und Vorgänge, die sich im Schatten des Mainstreams vollziehen. Es sind dies heutzutage nicht lediglich Nischenerscheinungen, sondern Ausdrucksformen der Pluralität des Trauerns insgesamt.

Die moderne Bestattungskultur ist, wie bereits angedeutet, eine Kultur der Ambivalenz. Sepulkrale Zeitdiagnosen bilden stets *Tendenzen* ab, ohne damit Letztgültiges über den Untersuchungsgegenstand sagen zu können. Wie ebenfalls aus meinem empirischen Datenmaterial hervorgeht, ist der erste Körper des Verstorbenen noch nicht gänzlich aus dem rituellen Fokus gerückt. Viele Bestatter berichten, dass sie ihren Kunden eine letzte Begegnung mit der Leiche, bei der das Verstorbensein auch in einem wörtlichen Sinne *begreifbar* werde, ausdrücklich nahelegen und diesbezüglich mittlerweile (wieder) eine verstärkte Inanspruchnahme zu verzeichnen sei.[2] Auch einige der befragten Angehörigen

---

[2] Die Covid-19-Pandemie brachte jedoch auch für diesen Handlungsbereich ab dem Frühjahr 2020 ein hohes Maß an Verunsicherung mit sich und hat den ‚letzten Kontakt' nicht unbeeinflusst gelassen. Unter anderem sahen entsprechende Verordnungen, sofern die Betroffenen

betonen, wie sehr es ihnen geholfen habe, ihre Verstorbenen vor der Beisetzung noch einmal sehen, berühren und sogar waschen zu können; bzw. sie bringen ihr nachträgliches Bedauern darüber zum Ausdruck, genau dies *nicht* getan zu haben.

Derselbe Ort etwa acht Wochen später – mit der ‚Artefaktreduktion‘ geht auch die symbolische Qualität zurück (Projektarchiv Benkel/Meitzler).

Selbst eine vermeintlich ausgestorbene Kulturtechnik wie die *Totenfotografie* (auch als Post-mortem-Fotografie bezeichnet), deren Blütezeit fast 150 Jahre zurückliegt (Sykora 2009), erfährt gegenwärtig eine Renaissance (Benkel/Meitzler 2016). Damals wie heute handelt es sich bei den meisten der Porträtierten um verstorbene Kleinkinder bzw. Säuglinge. Es gibt diesbezüglich spezialisierte Fotografen, die mit ihrer Leistung trauernden Eltern ein visuelles Souvenir an die Hand geben. Von der heutigen Inanspruchnahme des Rituals wird zum einen in manchen Interviews erzählt, zum anderen werden entsprechende Fotos in letzter Zeit auch vermehrt an Friedhofsgräbern angebracht. Sie mögen zwar die Ausnahme und nicht die Regel bilden, doch lässt sich durchaus eine ansteigende Aktivität dieser Praxis feststellen. Die wohl plausibelste Erklärung dafür, dass Totenfotografien vor allem an Kindergräbern zu finden sind, liegt im Mangel an Lebendporträts. Womöglich soll mit den Bildern auch die schmerzliche Körperevidenz des allzu kurzen bzw. ‚nicht gewesenen‘ Lebens bewusst zum Ausdruck gebracht werden.

---

nicht aus demselben Haushalt stammten, eine starke Begrenzung der Anwesendenzahl in einer Totenaufbahrungsräumlichkeit vor. Die Lehren, die sich daraus für die Praxis ziehen lassen, sind noch nicht vollständig greifbar. Dazu mehr in Kap. 8.

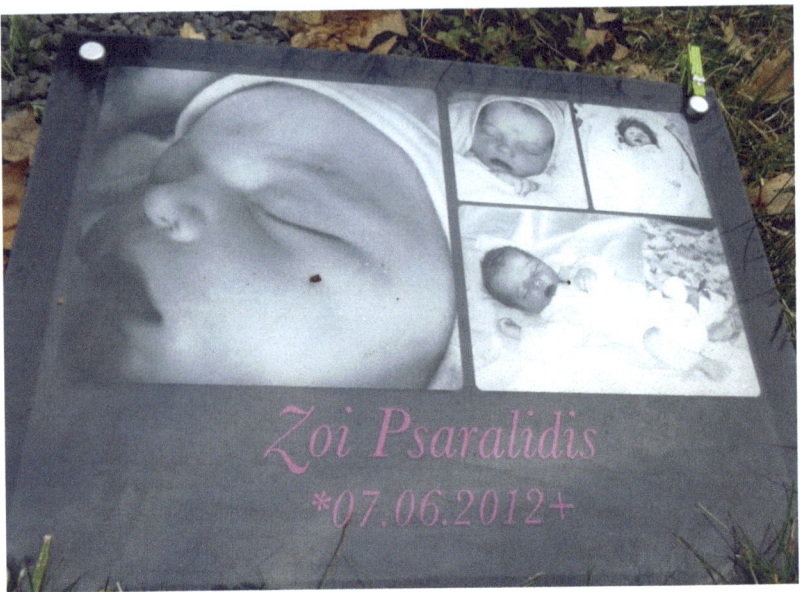

Totenfotografien auf der Grabplatte eines verstorbenen Neugeborenen (Projektarchiv Benkel/Meitzler)

Ein weiterer Aspekt, der die Behauptung von der sozialen Irrelevanz des ersten Körpers ein wenig in Frage stellt, betrifft die derzeitige Kontroverse um die autonome Aneignung von Kremationsasche (Benkel/Meitzler/Preuß 2019). Was mit einem Körper nach dem Lebensende geschieht, ist nicht lediglich eine Angelegenheit der persönlichen Einstellung der Hinterbliebenen, sondern unterliegt juristischen Bestimmungen. Bundeslandspezifische Bestattungsgesetze regeln die Art und den Ort der letzten Ruhestätte. Dazu zählt u. a. die Vorschrift, dass ein toter Körper – ob als unkremierter Leichnam oder in Form von Asche – auf einer öffentlichen Friedhofsfläche beizusetzen ist.[3] Solche dem Ordnungserhalt verpflichteten Vorschriften werden indes längst nicht mehr von allen beteiligten gesellschaftlichen Gruppen als notwendig und sinnvoll wahrgenommen. Kritische Stimmen mehren sich und erklingen insbesondere aufseiten jener Hinterbliebenen, die sich eine alternative Handhabung mit der Asche ihrer Verstorbenen jenseits der institutionell dafür vorgesehenen Orte wünschen (Meitzler 2022a).

---

[3] Gegenwärtig gibt es in Deutschland diesbezüglich nur einige wenige Ausnahmen, etwa die Beisetzung der Kremationsasche in bestimmten Meeresgebieten sowie unter Baumwurzeln ausgewiesener Waldareale. Weitere Sonderregelungen gelten u. a. in den Bundesländern Nordrhein-Westfalen und Bremen (Gaedke 2018).

Anders als in Deutschland ist die Verstreuung an einem besonderen Ort (etwa in der Natur), die Verwahrung der Urne in der privaten Wohnumgebung oder die Herstellung eines Erinnerungsartefaktes aus Totenasche (Benkel/Klie/Meitzler 2019) in den meisten europäischen Nachbarländern unproblematisch, da dort weniger restriktive Gesetze vorliegen. Es verwundert somit nicht, dass einige in Deutschland lebende Angehörige den Umweg über die Landesgrenze suchen, um staatliche Steuerungsmechanismen auszuhebeln und ihre sepulkralen Wünsche Wirklichkeit werden zu lassen.[4]

Mit Hinterbliebenen, die auf diese Weise verfahren sind, habe ich im Kontext der besagten Forschungen häufig gesprochen und sie u. a. nach ihren Motiven, Haltungen, Erwartungen und Erfahrungen, aber auch nach spezifischen Wissensquellen und konkreten Umgangsweisen mit der autonom angeeigneten Totenasche befragt. Ein besonderer Schwerpunkt lag dabei auf der räumlichen Präsenz der Asche sowie auf der Bedeutung, die Angehörige ihr zuschreiben: In welchem Verhältnis steht sie zu der verstorbenen Person? Handelt es sich hierbei um bloße Materie? Repräsentiert sie das Subjekt, aus dem sie entstanden ist, oder *ist* sie mithin sogar dieser Mensch? Für nicht wenige der Interviewten, insbesondere für diejenigen, die die Urne zuhause aufbewahren, generiert die physische Nähe des kremierten ‚Körperrestes‘ ein Gefühl der Gegenwärtigkeit. Häufig ist die Asche mehr als nur ein symbolisch-nostalgischer Verweis auf gemeinsam geteilte Lebenszeit – sie ist nicht *etwas*, sondern *jemand*. Dass zwischen Mensch und Asche eine weder optische noch haptische noch sonst sinnlich wahrnehmbare Entsprechung vorliegt, ändert offenbar nichts an der Personenhaftigkeit, die man nicht ‚begreifen‘, wohl aber zuschreiben kann. Dank seiner Asche ist der Verstorbene noch ‚da‘; die Urne gewährt denjenigen, die sie bei sich haben, eine tröstende Nähe (vgl. Meitzler 2020a: 191). Diese positive Wirkung wird im nachfolgenden Statement erkennbar: „Also, ich glaube, dass ich besser Abschied nehmen konnte dadurch, dass er so nah bei mir ist. Ich glaub‘, dass das dem Trauerprozess geholfen hat […]. Ich glaub‘, ich hab‘ einfach diese Nähe gebraucht, um Abschied nehmen zu können." (P1, 15:26)

Nähe kommt häufig durch die Berührung der Urne zum Ausdruck, welche geradezu als ‚Ersatzkörper‘ des früheren Gegenübers fungiert. Eine Gesprächspartnerin beschreibt, wie sie in solchen Momenten nicht nur eine ‚innere‘, son-

---

[4] In der Regel erfolgt dann die Kremation im Ausland (z. B. in der Schweiz oder den Niederlanden) bzw. die Asche wird in ein dort ansässiges Bestattungsinstitut verbracht. Im Anschluss gelangt die Urne über den Postweg zurück nach Deutschland oder wird vor Ort persönlich abgeholt (vgl. Meitzler 2020a: 184). Von da an greift zwar prinzipiell wieder die deutsche Friedhofspflicht; die Urne in den Händen der Hinterbliebenen wäre somit als Ordnungswidrigkeit zu behandeln. Das institutionelle Bemühen um die Aufdeckung entsprechender Regelbrüche hält sich allerdings in Grenzen (vgl. Benkel/Meitzler 2021c: 99).

dern auch eine tatsächliche Wärme an den Händen verspürt, ganz so als würde sich die verstorbene Person ihr auf diese Weise mitteilen. Das Motiv der Präsenz, Berühr- und Adressierbarkeit wurde im Übrigen auch von jenen Hinterbliebenen vorgebracht, die einen aus der Kremationsasche ihres Verstorbenen hergestellten Edelstein besitzen und diesen eng am Körper tragen (vgl. Benkel/Meitzler 2021c: 94 f.).

Aschediamanten als portable Form selbstbestimmter Trauer (Projektarchiv Benkel/Meitzler)

Von Aschediamanten konnte Elias schon deshalb nichts wissen, weil dieses Angebot zu seiner Zeit noch nicht existierte. Auch über die Praxis der privaten Ascheaneignung war zumindest hierzulande noch weit weniger bekannt als heute. Die genannten Beispiele legen indes nahe, dass die Materialität des toten Körper nicht immer vollständig exkludiert, sondern bisweilen wenigstens in abstrakter, d. h. kulturell verträglicher und ‚ekelbefreiter‘ Form präsent bleibt – sei es als Aschegranulat in einer Urne bzw. einem Medaillon oder eben in Gestalt eines glänzenden Juwels.[5] Die Leiche durchläuft hierfür notwendigerweise eine

---

[5] Unter anderen Vorzeichen steht das Beispiel der populären und gleichsam umstrittenen Ausstellung *Körperwelten*, einer an der Schnittstelle von Wissenschaft, Kunst und Unterhaltung angesiedelten, international erfolgreichen Veranstaltung, bei der die Körper(teile) von verstorbenen Spendern zunächst einem spezifischen Konservierungsverfahren (Plastination) unterzogen und anschließend einem interessierten Publikum an wechselnden Orten in Form

stoffliche Transformation, die in einem bemerkenswerten Zusammenhang mit der Veränderung der ihr zugeschriebenen Bedeutung und letztlich auch mit der Transformation von Trauer und Erinnerung steht. Man könnte Elias folglich entgegenhalten, dass der tote Körper zwar durchaus „hygienisch", „geruchslos" und mit „technischer Perfektion" (Elias 2002: 29) das heimische Zimmer verlässt, in manchen Fällen aber ebenso hygienisch, geruchslos und mit derselben technischen Perfektion wieder zurückkehrt – wenngleich in ungewohnter Erscheinungsweise. Statt spurlos zu verschwinden, vollzieht er eine Verwandlung, die ihm eine komprimierte, portable und mitunter ästhetisierte Fortexistenz ermöglicht.

Dagegen wiederum ließe sich einwenden, dass der tote Körper auch und gerade durch die geschilderten stofflichen Transformationen eben doch zum Verschwinden gebracht wird (Meitzler 2022b). Vom ‚Naturschicksal' der Leiche – dem potenziell sinnlich wahrnehmbaren Verwesungsprozess – befreit, wird er als materielles Relikt gezielt in Formen gebracht (bzw. wie im Fall des Diamanten: *gepresst*), die einen maximalen Kontrast zur Gegenwart eines sterbenden Menschen oder dessen Leichnam bilden. Das vertraute Körperschema ist eliminiert, und wüsste man es nicht besser, käme man so schnell nicht auf die Idee, eine entsprechende Analogie herzustellen. So ist es wohl doch wieder eher der zweite als der erste Körper, der durch die parasozialen Zuwendungen und Sinnzuschreibungen der Weiterlebenden überdauert – gewiss mit dem delikaten Zusatz, dass es sich um ein ganz besonderes ‚Ausgangssubstrat' handelt. Die Materialität des toten Körpers bleibt dadurch in einer wohldosierten Weise erhalten; sie kann/darf/soll aber nicht über ihren marginalisierten Status hinausragen.

---

aufsehenerregend arrangierter ‚Leichenposen' präsentiert werden. Hieran wird einmal mehr sichtbar, dass die moderne Gesellschaft keine Gesellschaft der absoluten Abstinenz gegenüber toten Körpern ist (Meitzler 2017b). Nichtsdestotrotz müssen die Leichen auch in diesem Fall bearbeitet, also transformiert werden, um die für sie vorgesehenen Zwecke erfüllen zu können – mit dem Effekt eines artifiziellen, eben leichenuntypischen Eindrucks (dazu ausführlich Hermes da Fonseca/Kliche 2006).

Peinliches Schweigen

Das Verschwinden sterbender und toter Körper aus der Öffentlichkeit ist laut Elias nur die eine Seite der Todesverdrängung. Die andere damit verbundene Facette komme in einem *Gesprächstabu* zum Ausdruck. Der Tod werde aus den Alltagsunterhaltungen der Menschen weitgehend ausgeblendet – und selbst (oder gerade dann) wenn sich ein akuter Sterbefall im näheren sozialen Umfeld abzeichne, trete Verschwiegenheit an die Stelle von Geschwätzigkeit. Dies stehe in einem auffälligen Kontrast zu früheren Zeiten, in denen das

> „Sprechen von Tod, Grab und von allen Einzelheiten dessen, was im Grabe mit dem toten Menschen vor sich geht [...] noch nicht einer so strikten sozialen Zensur [unterlag]. Der Anblick verfaulender Menschenleichen war alltäglicher. Jedermann, auch die Kinder, wußte, wie dies aussah; und da es jedermann wußte, sprach man auch relativ unbefangen davon, im geselligen Verkehr wie in Gedichten" (Elias 2002: 29).

Kurz zuvor heißt es an gleicher Stelle:

> „Sicher ist, dass man im Mittelalter unverhohlener und häufiger von Tod und Sterben sprach als das heute der Fall ist. [...] Tote und der Tod in Person erscheinen in vielen Geschichten [...]. Verglichen mit der Gegenwart war das Sterben damals für jung und alt unverdeckter, allgegenwärtiger und vertrauter." (Ebd.: 20 f.)

In diesem Punkt stimmt Elias dem französischen Historiker Philippe Ariès zu, der in verschiedenen Werken den gesellschaftlichen Mentalitätenwandel bezüglich des Lebensendes vom Mittelalter bis zur Gegenwart nachzeichnet. Ariès versteht den Tod im Mittelalter als *gezähmt*, weil er den Lebenden aufgrund seiner öffentlichen Sichtbarkeit und biografischen Omnipräsenz wesentlich vertrauter war als heute und weil sein altersstufenunabhängiger Auftritt vergleichsweise

M. Meitzler, *Norbert Elias und der Tod*, https://doi.org/10.1007/978-3-658-34654-6_6

wenig Überraschungspotenzial in sich trug.[1] Im Unterschied dazu sei der Tod
in der Moderne insofern *wild,* als sein faktisches Eintreten und bereits seine antizipierte Unmittelbarkeit angesichts seiner sozialen Invisibilität und medizinischen
Kontrolliertheit als umso tragischer, dramatischer, ja skandalöser erlebt wird (vgl.
Ariès 2005: 42).

Auch wenn sich beide Autoren in der Grundannahme einer gesellschaft-
lichen Todesverdrängung einig sind, äußert sich Elias durchaus kritisch über
Ariès' deskriptive, holistische und beliebig wirkende Darstellungsweise, die kaum
Erklärungskraft entfalte. Ariès verstehe „Geschichte noch rein als Beschreibung.
Er reiht Bild an Bild und zeigt so mit breiten Strichen den Gestaltenwandel auf.
Das ist schön und anregend, aber es erklärt nichts" (Elias 2002: 18). Zudem über-
nehme Ariès in seinen Beschreibungen „Idealisierungen des Ritterlebens" (ebd.:
20) und zeichne somit ein einseitiges, romantisiertes Bild von der Vergangenheit:
„Romantischen Geistes sieht Ariès im Namen der besseren Vergangenheit mit
Mißtrauen auf die schlechtere Gegenwart. So reich sein Buch [*Geschichte des
Todes*; M.M.] an historischen Belegen ist, seiner Auslese und Interpretation der
Belege muß man mit großer Vorsicht begegnen." (Ebd.: 19) Überdies entgehe
Ariès, dass der mittelalterliche Tod im Kontext von Krieg, Hunger, Schmutz,
Seuchen und der kirchlicherseits forcierten Angst vor der Verdammnis nicht
unbedingt friedvoller und weniger schreckenbehaftet gewesen ist (vgl. auch Helmers 1989: 221). Wer die Geschichte des Todes als linearen Wandlungsprozess
von der Omnipräsenz zur Verdrängung, von der Gleichgültigkeit zur Bestürzung
lese, der übersehe all jene Schattierungen dazwischen. „Wie bei anderen Aspekten eines Zivilisationsprozesses ist es nicht ganz einfach, Gewinn und Kosten
gegeneinander abzuwägen. Aber die Schwarzweiß-Zeichnung des Gefühls – ‚gute
Vergangenheit, schlechte Gegenwart' – richtet wenig aus." (Elias 2002: 23)

Keineswegs sei die Verdrängung des Todes für Elias ein Exklusivmerkmal der
modernen Zeit; vielmehr habe es sie im Prinzip schon solange gegeben, wie ein
menschliches Bewusstsein vom Lebensende existiert. „Aber Hand in Hand mit
der Voraussicht des eigenen Endes ging vermutlich von jeher das Bemühen, dieses unwillkommene Wissen durch willkommenere Vorstellungen zu verdrängen
und zu überdecken [...]." Dieser „sehr alte[] Sachverhalt" habe sich jedoch „im
Laufe der Zeit in spezifischer Weise gewandelt" (ebd.: 40). Während nämlich in
„früheren Zeiten [...] kollektive Wunschphantasien als Mittel der Bewältigung
des menschlichen Wissens vom Tode" vorherrschten, die seither nicht gänzlich

---

[1] Hiergegen wendet Hoffmann (2011: 11) ein, dass es auch schon zur damaligen Zeit die
„normative Vorstellung" gab, „als alter und nicht als junger Mensch zu sterben", und dass die
von „Krieg, Hunger und Seuchen" verursachten frühen Tode „selbstredend nicht als natürlich
angesehen wurden".

verschwunden seien, treten heute „im Zuge eines besonders umfassenden Individualisierungsschubes aus der Hülle der kollektiven Unsterblichkeitsphantasien häufiger ganz persönliche und vergleichsweise private Unsterblichkeitsphantasien der einzelnen Menschen in den Vordergrund" (ebd.: 41).

Elias zufolge werde der Tod insbesondere von Kindern ferngehalten,[2] und zwar sowohl in physischer wie auch in kommunikativer Hinsicht:

> „Sicherlich ist die Scheu der Erwachsenen in unseren Tagen, Kinder die biologischen Fakten des Todes zu lehren, eine stufenspezifische Eigentümlichkeit des vorherrschenden Zivilisationsmusters. Früher waren auch Kinder gegenwärtig, wenn Menschen starben. Wo sich alles in höherem Maße vor den Augen der Mitmenschen abspielt, vollzieht sich auch das Sterben von Menschen vor den Augen der Kinder." (Ebd.: 25)

In diesem Zusammenhang verbindet Elias zwei strukturell einander ähnelnde Tabuisierungskontexte. So könnten sich die „Abwehrtendenz und die Peinlichkeitsgefühle, mit denen man Sterbenden und Tod begegnet, […] recht wohl mit denen messen, die im viktorianischen Zeitalter die Sexualsphäre umgaben" (ebd.: 49). Hier wie dort handelt es sich zunächst um biologische Phänomene, die zu allen Zeiten und in jeder Kultur vorkommen, die aber immerzu variierende Rahmungen erhalten. Analog zu Sterben und Tod diagnostiziert Elias für die europäische Gesellschaft der vergangenen 500 Jahre auch bezüglich des Umgangs mit erotischem Begehren eine Verlegung hinter die Kulissen.

Freilich war Elias nicht der erste Autor, der Sexualität und Tod im Hinblick auf ihre Verschwiegenheit bzw. Verschämtheit miteinander vergleicht. So brachte etwa der Anthropologe Geoffrey Gorer (1956) diese Parallelität einst als „Pornographie des Todes" zum Ausdruck. In ähnlicher Weise äußert sich Michel Foucault (2001: 292):

> „[Die] öffentliche Ritualisierung des Todes […] [ist] mehr und mehr im Verschwinden begriffen […]. Dies geht bis zu dem Punkt, dass heutzutage der Tod, der keine herausragende Zeremonie mehr ist, an der die Individuen, die Familie, die Gruppe, fast die gesamte Gesellschaft teilhaben, im Gegenteil zu etwas geworden ist, was man verbirgt. Er ist zur allerprivatesten und verschämtesten Sache der Welt geworden (vielleicht ist heute der Sex weniger Gegenstand eines Tabus als der Tod)."

Der Nebensatz am Ende des Zitats deutet an, was Foucault andernorts als „diskursive Explosion" rund um das Sexuelle beschreibt. „Die Diskurse über den

---

[2] Dem kann auch heute noch Aktualität zugesprochen werden (siehe Benkel/Pierburg 2021).

Sex – spezifische, gleichzeitig nach Form und Gegenstand unterschiedene Diskurse – haben unaufhörlich zugenommen: eine diskursive Gärung, die sich seit dem 18. Jahrhundert beschleunigt hat." (Foucault 1977: 27 f.)

Folgt man dieser Inschrift, so geht im Kontext des Lebensendes offenbar nicht jedes Schweigen mit Peinlichkeit einher (Projektarchiv Benkel/Meitzler).

Eine analog zu dieser Entwicklung verlaufende Enttabuisierung von Sterben und Tod will Elias nicht erkennen. Ganz im Gegenteil hätten sich diesbezüglich „Verdrängung und Peinlichkeitsgefühle eher noch verstärkt. Offenbar ist der Widerstand gegen eine Enthüllung des Todes und ein entspannteres Verhältnis zum Sterben größer als gegen die Enthüllung und Entspannung im Bereich der Geschlechterbeziehung" (Elias 2002: 49). Trotz aller Intimisierung und Privatisierung, die den zeitgenössischen Sexualitätsdiskurs – wie viele weitere körperliche Vorgänge – betreffen,[3] sei dieser im Unterschied zum Lebensende inzwischen weitaus weniger mystisch besetzt und schamvoll aufgeladen als früher.

---

[3] Auch im ersten Band seines Hauptwerkes *Über den Prozeß der Zivilisation* thematisiert Elias die kindliche Sexualaufklärung, deren Verschämtheit ebenso sehr ein Ausdruck des zivilisatorischen Niveaus sei wie die Anerkennung der Kindheit als eigenständige Lebensphase (vgl. Elias 1976a: 230 ff.). Die Tabuisierung der Sexualität bzw. des Körpers findet in der ‚Privatisierung' der Lebensräume, also der Einrichtung von Schlafzimmer, Badezimmer

Der Umstand, dass die Menschen selten (und wenn überhaupt, dann nur gehemmt) über Sterben und Tod sprechen, resultiere, wie erwähnt, vor allem aus dem Rückgang unmittelbarer Kontakte mit Sterbenden und Toten, welcher wiederum der Effekt einer Institutionalisierung von Fürsorge sei. Gänzlich aus dem Erfahrungsrepertoire der Lebenden verschwunden sei der Anblick von Sterbenden damit zwar nicht. Doch müsse nun die „Verlegenheit der Lebenden in der Gegenwart eines Sterbenden" umso größer ausfallen (ebd.: 29). In Ermangelung eines stabilen Wissens darüber, wie Sterbenden kommunikativ zu begegnen sei, bleibe der „Sprachschatz für den Gebrauch in dieser Situation [...] verhältnismäßig arm. Peinlichkeitsgefühle halten die Worte zurück" (ebd.). Der Tod macht sprachlos – nicht nur die Toten, sondern auch, so darf man Elias' Ausführungen entnehmen, die *Lebenden,* die sich weniger denn je auf ein handlungsanleitendes Kollektiv verlassen können.

Bauman, der wenige Jahre nach Elias' Buch dem Lebensende seinerseits eine Abhandlung widmete, stimmt dessen zivilisationstheoretischer Erklärung für das peinliche Schweigen der Lebenden gegenüber den Sterbenden grundsätzlich zu, hält sie aber nicht für „die einzig naheliegende" (Bauman 1994: 197). So werde in Gegenwart der Sterbenden auch deshalb geschwiegen, weil ihnen die Lebenden „einzig und allein die Sprache des Überlebens anbieten" können.

> „Vielleicht ist es nicht nur Taktgefühl, was uns sprachlos macht [...], sondern auch die schlichte Tatsache, daß wir einem Menschen, der sich der Sprache des Überlebens nicht mehr bedienen kann, nichts zu sagen haben; einem Menschen, der im Begriff steht, die Welt des geschäftigen, durch jene Sprache heraufbeschworenen und gewahrten Scheins zu verlassen." (Ebd.: 198)

Verlegenheit, Peinlichkeit[4] und Überforderung kennzeichnen laut Elias nicht nur den Umgang mit Sterbenden, sondern auch die Begegnung mit Menschen, die

---

usw., sozusagen ein als solches selten thematisiertes topografisches Korrelat (vgl. Habermas 1996: 125 ff.; Silbermann/Brüning 1991).

[4] Bekanntlich unterscheidet Elias näher zwischen Scham und Peinlichkeit. Demnach stellen sich Schamgefühle ein, „wenn ein Mensch selbst gegen Verbote des Ich und der Gesellschaft verstößt"; Peinlichkeitsgefühle entstehen wiederum dann, „wenn irgend etwas außerhalb des Einzelnen an dessen Gefahrenzone rührt, an Verhaltensformen, Gegenstände, Neigungen, die frühzeitig von seiner Umgebung mit Angst belegt wurden, bis sich diese Angst – nach Art eines ,bedingten Reflexes' – bei analogen Gelegenheiten in ihm automatisch wieder erzeugt. Peinlichkeitsgefühle sind Unlusterregungen oder Ängste, die auftreten, wenn ein anderes Wesen die durch das Über-Ich repräsentierte Verbotsskala der Gesellschaft zu durchbrechen droht oder durchbricht" (Elias 1976b: 403 f.). Auf diese Differenzierung Bezug nehmend, bemerkt Hoffmann (2011: 202), dass Elias „in seinem Buch über das Sterben fast ausschließlich die Seite der Peinlichkeitsgefühle in den Blick nimmt" – also die Peinlichkeit der Lebenden gegenüber den Sterbenden, nicht aber die Scham der Sterbenden aufgrund ihrer

den Verlust eines Nahestehenden betrauern. Zwar stünde für solche Situationen nach wie vor ein Set an konventionellen Formeln der Beileidsbekundung zur Verfügung. Verglichen mit früheren Gesellschaften hätten heutzutage allerdings zunehmend mehr Menschen das Gefühl,

> „daß es etwas peinlich ist, sich ihrer zu bedienen, eben weil sie ihnen als schal und abgedroschen erscheinen. Die rituellen Floskeln der alten Gesellschaft, die die Bewältigung kritischer Lebenssituationen erleichterten, klingen für das Ohr vieler jüngerer Menschen abgestanden und falsch. An neuen Ritualen, die dem gegenwärtigen Empfindens- und Verhaltensstandard entsprechen und die Bewältigung wiederkehrender kritischer Lebenssituationen erleichtern können, fehlt es noch" (Elias 2002: 30).

Im sozialen Alltag stehen Redewendungen für gewöhnlich im Dienste einer Komplexitätsreduktion. Man braucht nicht näher auszuführen, was mit dem Gesagten tatsächlich gemeint sein soll, denn ein entsprechendes Sinnverständnis kann vorausgesetzt werden. Umso handlungsrelevanter wird dies, wenn sich das soziale Miteinander nicht in den gewohnten Bahnen der Alltagsroutine abspielt, sondern von Krisensituationen wie dem Tod eines geliebten Menschen irritiert wird. Doch gerade weil sich die Verbindlichkeit gewisser Gesten und Riten im Zuge des gesellschaftlichen Wandels auflöse, werde ihr Gebrauch, so Elias, als Verlegenheitshandlung enttarnt und erzeuge ein beiderseitiges Peinlichkeitsgefühl. In einer Gesellschaft, deren Mitglieder sich verstärkt über ihre Individualität und nicht so sehr über Kollektivität definieren, gerät auch der überindividuelle Charakter der alten Rituale in die Kritik, weil er die Besonderheit der Betroffenen unterwandert. So sehr sie in Krisensituationen – wie etwa beim Übergang vom Leben in den Tod – Halt geben können, die Tauglichkeit von Ritualen wird heutzutage vor allem daran gemessen, ob sie zur persönlichen Lebenswelt des Betroffenen passen. Die Hinterfragung des lange Zeit Unhinterfragten, der Verbindlichkeitsverlust des lange Zeit Verbindlichen steht im Zeichen der *Informalisierung*.[5] Die

---

Situation, die bei den Lebenden Peinlichkeit hervorruft. „Wenn Elias im ‚Prozeß der Zivilisation' schreibt, dass Scham- und Peinlichkeitsgefühle unabtrennbare Gegenstücke sind, was wir ja gerade für die Situation der Sterbenden in Anschlag bringen wollen, dann lässt sich aus dem gegebenen Zitat ableiten, dass sich im Gefühl der Sterbenden, den Überlebenden peinlich zu sein, Scham ausdrückt. Aber eine explizite Bezeichnung der Seite der Sterbenden in den gegebenen Situationen unterlässt Elias gänzlich." (Ebd.: 205)

[5] Der Begriff steht allgemein für „Lockerungen bei den Verhaltensstandards" (Fuchs-Heinritz 2020: 337), die sich im gesellschaftlichen Zusammenleben seit der Nachkriegszeit abzeichnen. Diverse Regeln und Etiketten, deren Missachtung in früheren Zeiten noch einem Tabubruch gleichgekommen wäre und mehr oder minder schwere soziale Sanktionierungen

situative Kompensation des hierdurch forcierten Ritualvakuums wird nicht selten
zum kommunikativen Drahtseilakt:

> „Die Aufgabe, das richtige Wort und die richtige Geste zu finden, fällt [...] auf den
> Einzelnen zurück. Das Bemühen, gesellschaftlich vorgegebene Rituale und Formen
> zu vermeiden, vergrößert die Anforderung an die persönliche Erfindungs- und Aus-
> druckskraft des Individuums. Dieser Aufgabe aber sind Menschen derzeit [...] oft
> nicht recht gewachsen." (Ebd.: 33)

Eine handlungsentlastende Umgangsweise bestünde etwa in der gezielten Kon-
taktvermeidung gegenüber solchen Personen, denen man zuschreibt, sich in
Trauer zu befinden. Die moderne Gesellschaft kennt, so ließe sich schlussfol-
gern, somit nicht nur die Einsamkeit der Sterbenden, sondern auch die Einsamkeit
der Trauernden. Diese Einsamkeit ist nicht zwangsläufig die Konsequenz einer
eigeninitiierten Privatisierung, sondern häufig genug das Ergebnis von Erwartungen und Erwartungserwartungen. „Man will jemandem mit seinem Kummer
nicht mehr so wie früher lästig fallen und will umgekehrt nicht mehr, daß einem
jemand damit lästig fällt, und die Empfindlichkeit hierfür hat derart zugenommen,
daß man sehr schnell meint, daß das der Fall sei." (Wouters 1999: 82)

Die These von der tabuisierten Trauer ist jedenfalls nicht neu. Mittlerweile
ist in diese Lücke ein professionelles Expertentum getreten, das Menschen in
ihrem Trauerprozess unterstützt und ihnen jene Orientierung anbietet, auf die

---

bewirkt hätte, erlauben mittlerweile eine flexiblere Handhabung. Beispiele, die in diesem
Zusammenhang häufig genannt werden, sind u. a. die „Verbreitung des Duzens auch unter
Personen, die einander nicht nahe stehen" oder eine „permissive Erziehungshaltung der
Eltern" (ebd.) sowie die bereits angeführte Diskursfähigkeit sexueller Themen, Erfahrungen
und Einstellungen. Elias sieht hierin keinen Widerspruch zu seinem Erklärungsmodell. Im
Gegenteil sei Informalität eben nur deshalb möglich, weil sie auf einem umso festeren Sockel
der Zivilisation stehe. So setze manche vermeintlich ungezwungene Handlung, etwa das
Sich-Entblößen im FKK-Kontext, in Wahrheit ein erhöhtes Maß an (zivilisationsbedingter)
Selbstkontrolle voraus. Ähnliches befindet auch der einstige Elias-Schüler und -Mitarbeiter
Cas Wouters. Der Zivilisationsprozess vollziehe keine Entwicklung hin zu absoluter Forma-
lität und zeremonieller Härte, vielmehr kenne jede Zivilisationsstufe sowohl Formalität als
auch Informalität. In einem Kapitel seiner der Informalisierungsthematik gewidmeten Monografie beschäftigt sich Wouters im Übrigen auch mit Sterben, Tod und insbesondere Trauer.
Diesbezüglich konstatiert er „dramatische Veränderungen" seit den 1960er und 1970er Jahren (Wouters 1999: 76). Betroffen von Lockerungen seien beispielsweise überkommene
Trauersitten wie die soziale Verpflichtung, seine Trauer nach außen zu zeigen (etwa durch
das Tragen schwarzer Bekleidung) oder die Pflicht zur Teilnahme an Beerdigungen auf dem
lokalen Friedhof unabhängig von der tatsächlichen affektiven Betroffenheit. Zum Zusammenhang von Tod und Informalisierung siehe ferner Wouters 1990 sowie Wouters/Kroode
1980.

in früheren Zeiten die Kirche ein Wissens-, Deutungs- und Beratungsmonopol besaß. Neben einer unüberschaubaren Fülle an Ratgeberliteratur (Brüggen 2005) ist hier insbesondere an Formen der Trauerbegleitung zu denken (Schützeichel 2016), die erst im Laufe der 1980er Jahre eine weitreichende Verbreitung erfuhren und wohl deshalb kein Thema von Elias' Auseinandersetzung sind.

Was er hingegen zur kommunikativen Ausblendung von Sterben und Trauer schreibt, findet in einigen der von mir geführten Interviews durchaus empirische Bestätigung. Exemplarisch dazu der Originalton einer Angehörigen:

> „Wer will denn mit Tod was zu tun haben, bitte? Wie oft, wenn dann einer im Sterben liegt, dann sind 'se alle weg! […] Wenn Sie mit irgendwem darüber reden, vis-à-vis, ja? Dann kommen ihr die Tränen, sie fängt an zu heulen, und dann weiß der andere ja überhaupt nicht mehr, was er machen soll. […] Und damit ist ja auch keinem geholfen. Und dann hält man sich zurück und macht gar nichts mehr und heult alleine im stillen Kämmerchen – hab' ich jahrelang gemacht." (M89, 44:05)

Sterben, Tod und Trauer werden als unpopuläre Themen an den Rändern der sozialen Alltagskommunikation wahrgenommen. Während zu Sterbenden physische Distanz aufgebaut wird („dann sind 'se alle weg!"), führen Trauerartikulationen zu Handlungsunsicherheiten bei nur mittelbar involvierten Anderen („dann weiß der andere ja überhaupt nicht mehr, was er machen soll"). Dass der eigenen Trauer ein solches Überforderungspotenzial innewohnt, gilt als Gewissheit und führt zu einer Regulation und Verschiebung entsprechender Affekte in den privaten Raum („und heult alleine im stillen Kämmerchen") – damit man niemandem zur Last fällt. Tatsächlich beklagen viele weitere Gesprächspartner, von ihren Freunden und Arbeitskollegen aufgrund kommunikativer Unsicherheit mehr oder minder gezielt gemieden worden zu sein. Die Unsicherheit darüber, wie mit Trauernden umzugehen ist, aber auch die Unsicherheit der Trauernden selbst, wie der Unsicherheit der Nicht-Trauernden begegnet werden soll, wird in einer immer häufiger zu lesenden Bemerkung in Traueranzeigen abgefedert, welche lautet: „Von Beileidsbekundungen bitten wir abzusehen."

Eine (sicher noch weiter zu reflektierende) Irritation der verbreiteten Annahme von Trauertabus bildet demgegenüber die überraschend große Teilnahmebereitschaft an entsprechend fokussierten Studien, die bislang unter meiner Mitarbeit durchgeführt wurden (siehe Kap. 2). Die anfängliche Befürchtung, dass sich aus unterschiedlichen Gründen (Intimität der Thematik, Angst vor der Reaktualisierung traumatischer Erlebnisse und dem damit möglicherweise einhergehenden emotionalen Kontrollverlust usw.) kaum jemand zur Mitwirkung bereit erklären würde, stellte sich binnen kürzester Zeit als haltlos heraus. Bis heute erteilten mir immerhin über 150 Personen im Rahmen von narrativen Interviews ausführliche

Auskünfte über ihre Erfahrungen mit Trauer und Verlust. Dieser Umstand könnte gewissermaßen als Reaktion auf das besagte Tabu und damit implizit als dessen Bestätigung gelesen werden. Auffallend viele der Befragten wiesen darauf hin, mit der Forschungsteilnahme die Hoffnung zu verbinden, einen Beitrag zur Enttabuisierung des Todes und insbesondere der Trauer leisten zu können. Ferner erklärten manche von ihnen, mit der Interviewsituation eine lang ersehnte Gelegenheit zu erhalten, sich in (leibhaftiger bzw. telefonisch vermittelter) Gegenwart eines anderen intensiv und umfassend mit der eigenen Trauer auseinandersetzen zu können, ohne dabei befürchten zu müssen, mit Ungeduld, Verständnislosigkeit oder Legitimierungszwängen konfrontiert zu werden (vgl. Meitzler 2019b: 117 ff.).

Qualitative Interviews, die den Umgang mit dem Verlust eines Menschen zum Inhalt haben, stellen die von Elias konstatierte Schweigsamkeit im Angesicht von Sterben, Tod und Trauer auf den Kopf. Statt im peinlichen Schweigen zu verharren, geht es nämlich gerade darum, Dinge zur Sprache zu bringen – auch jene, die in den meisten anderen Kontexten auf Kommunikationsbarrieren treffen. Das bedeutet zwar nicht, dass hierdurch sämtliche Gesprächstabus aufgehoben sind und nichts Unausgesprochenes übrig bleibt. Andererseits verspricht – in Abhängigkeit von der Forschungsfrage – auch und vor allem das Nichtthematisierte wichtige Erkenntnisse über das untersuchte Phänomen.

Obschon gewisse Parallelen zu psychotherapeutischen und seelsorglichen Gesprächsbedingungen (narrative Ausrichtung, Sprechen über intime Angelegenheiten, unterstützendes Zuhören usw.) nicht geleugnet werden können (Birch/Miller 2000; Rossetto 2014), besteht der eigentliche Zweck solcher Interviews nicht in der Trauerbegleitung und der Verbesserung der Befindlichkeit der Befragten, sondern in der Generierung wissenschaftlicher Daten. Je nachdem, wie die Befragten ihre persönliche Situation, ihre Beziehung zum Interviewer sowie den Interaktionsrahmen deuten, sind (quasi-)therapeutische Effekte jedoch nicht auszuschließen. Das Reden über den Verlust kann durchaus positive Auswirkungen entfalten (Cook/Bosley 1995).

Weil im Zuge entsprechend gearteter Interviews nicht lediglich Informationen übertragen werden, sondern „Beziehungsarbeit" (Schröer 2015) verrichtet wird, bringt insbesondere das Forschungsthema Trauer für beide Seiten eine herausforderungsvolle Ausgangssituation mit sich. Wer Interviews mit Menschen führt, die von ihrem Verlustschmerz erzählen, muss damit rechnen, dass diese Gespräche von mitunter sehr emotionalen, bisweilen tränenreichen Episoden geprägt sein können und dass es zu Momenten kommen kann, in denen sowohl der Interviewte als auch der Interviewer in Verlegenheit geraten.[6] Die Begegnung mit einer fremden Person, die in Tränen ausbricht, stellt eine alltagsuntypische Konstellation dar, und auch im Rahmen qualitativer Sozialforschung handelt es sich um eine eher seltene Erfahrung. Wie betroffene Interviewpartner dies kommunikativ deuten, gibt Aufschluss über sozial vermittelte Emotionsnormen. Indem nicht wenige der Befragten sich während oder nach dem Gespräch für ihre Tränen entschuldigen, implizieren sie damit, sich darüber bewusst zu sein, einen internalisierten Verhaltensstandard übertreten zu haben – zumindest scheinen sie davon auszugehen und erwarten dies als Erwartung ihres Umfeldes. Bei allem Bemühen um einen möglichst ungezwungenen Gesprächsrahmen gehört das Weinen dennoch nicht zum Kanon der üblichen Äußerungen und wird in diesem Sinne häufig als ungewollter, damit aber auch schambesetzter Kontrollverlust konnotiert. Mit Elias gesprochen: In einer Gesellschaft, die sich durch ein hohes Maß an Affektkontrolle auszeichnet, kann das spontane und kurzzeitige Ausbleiben dieser (vermeintlich) verinnerlichten Mechanismen umso irritierender wirken. Der unfreiwillige Aufforderungscharakter der Tränen besteht im Allgemeinen darin, dass das (häufig nicht minder unfreiwillige) Publikum, sich in irgendeiner Weise zu ihnen verhalten muss. Man kann bei Tränen nicht *nicht* reagieren.

Interviewern werden in solchen Situationen ein hohes Maß an Empathie sowie ein feines Gespür für eine angemessene Mixtur aus Engagement und Distanzierung abverlangt (vgl. Meitzler 2019b: 117 ff.; ferner Cook 2001; Rosenblatt 1995; Rowling 1999; dies. 2009; Woodthorpe 2011). Teil der Gesprächsdynamik im Kontext Trauer ist selbstverständlich auch, dass die Befragten um dieses (semi-) professionelle Setting wissen und sich folglich dem Interviewer gegenüber ihrer Tränen möglicherweise weniger schämen als im Dialog mit anderen.

Aber nicht nur die persönliche Konstitution des Befragten ist ausschlaggebend für den Fortgang der Unterhaltung. Dass auch Interviewer ihre subjektiven Qualitäten in das Setting einbringen (Breuer 2003; Reichertz 2015) und sich zugleich von den Erzählungen ihrer Gesprächspartner affizieren lassen (Behar 1996; Visser 2017; Woodthorpe 2009), dürfte innerhalb der qualitativen Sozialforschung heute kaum mehr bezweifelt werden. Manchem werden sie mit größerer Distanz

---

[6] Das ist gewiss nicht immer so. Die bisherigen Interviewpartner wiesen eine bemerkenswerte Variation von äußerster defensiver Nüchternheit bis hin zur exaltierten Offenheit auf. Somit zeigt sich am empirischen Material, dass die pauschale Gleichsetzung von Trauer und Tränen einer verkürzten Sichtweise entspricht. Tatsächlich lässt sich die affektuelle Betroffenheit des Gegenübers nur bedingt aus dessen manifestem Verhalten erschließen. Hier kommt die Wirkmacht sozialer Normen bei der Privatisierung und Regulierung von Emotionen zum Tragen (vgl. Meitzler 2019b: 116).

begegnen können, anderes mag sie hingegen mehr berühren, ja vielleicht sogar schockieren und ein Gefühl der Beklommenheit auslösen. Für Forschende im Feld der Trauer ist es daher umso wichtiger, sich nicht allein mit fremden, sondern auch mit den *eigenen* Emotionen zu beschäftigen: Was hat es beispielsweise zu bedeuten, wenn während eines Interviews nicht bloß der Befragte, sondern auch der Interviewende in Tränen ausbricht (Gould 2015)? Sind Soziologentränen illegitime Tränen, weil sie der Vorstellung von wissenschaftlicher Professionalität entgegenstehen (vgl. Meitzler 2019b: 115)? Reicht das Zivilisationsprodukt der Affektkontrolle also auch bis in die Wissenschaft hinein bzw. ist es vielleicht sogar die notwendige Voraussetzung, um selbige betreiben zu können? Ich möchte an dieser Stelle dafür plädieren, affektuelle Regungen aufseiten der Forschenden – sei dies nun in Form von Ergriffenheit, Wut, Angst, Scham oder Sonstigem – nicht einfach als Störquelle abzutun, die es auf sämtlichen Etappen des Forschungsprozesses zu verhindern gilt. Vielmehr ermöglichen sie ein tieferes Verstehen des untersuchten Phänomens und seiner sozialen Rahmungen.

Die friedhöfische Gesellschaft

Einen weiteren Beleg für die Tabuisierung des Todes findet Elias in einer zeitgenössischen Friedhofsgärtnerbroschüre. In ihr werden verschiedene Vorgänge, die den toten Körper betreffen – etwa das Ausheben der Gräber, das Beerdigen von Leichen sowie deren Verwesung – ausgeblendet bzw. rhetorisch umschifft oder in euphemistische Umschreibungen gekleidet. Dies sei kein Kennzeichen des brancheninternen Sprachgebrauchs hinsichtlich thanatologischer Themen, sondern das Ergebnis einer bestimmten, nämlich einer absatzorientierten Lesart: „Im übrigen, so darf man annehmen, ist die Broschüre von der Marketinggesellschaft so gut wie möglich auf die Mentalität der erhofften Kunden abgestellt. Das Schweigen über die Bedeutung von Gräbern als Beerdigungsplätzen toter Menschen ist dementsprechend beinahe total." (Elias 2002: 35) Nähme man die Broschüre beim Wort, so bestünde die primäre Aufgabe des Friedhofs nicht darin, Aufbewahrungsort für tote Körper zu sein und damit am Ende einer bürokratisch gesteuerten – und dem Ideal des sozialen Ordnungserhalts verpflichteten – Verwaltung zu stehen. Vielmehr wäre er eine Stätte der Todesabstinenz.[1] Es mag auf den ersten Blick trostreich erscheinen, im Friedhof nicht einen Ort des Todes,

---

[1] Abgesehen von sporadischen Bemerkungen – etwa der Diskussion über den sozialen Wandel des Geschlechterverhältnisses am Beispiel einer Grabinschrift (vgl. Elias 2006b: 154 f.), worin deutlich wird, dass Gräber Auskunftgeber über den kulturellen Status quo sind – widmet Elias dem Friedhof nur geringe Aufmerksamkeit. Damit befindet er sich in bester Gesellschaft, denn nach soziologischen Arbeiten, die sich ausdrücklich mit Friedhöfen und ihren sozialen Dimensionen beschäftigen, suchte man lange Zeit vergebens. Für den deutschsprachigen Raum bildet die empirische Untersuchung von Gerhard Schmied (2002) die erste nennenswerte Ausnahme. Erst in den letzten Jahren wurde das Thema im Zeichen der qualitativen Sozialforschung neu aufgegriffen (siehe z. B. Benkel 2012; Benkel/Meitzler 2013; dies. 2015; dies. 2019a; dies. 2019b).

© Der/die Autor(en), exklusiv lizenziert durch Springer Fachmedien Wiesbaden GmbH, ein Teil von Springer Nature 2021
M. Meitzler, *Norbert Elias und der Tod*,
https://doi.org/10.1007/978-3-658-34654-6_7

sondern des Lebens zu sehen. Solche sprachlichen Verschleierungstaktiken sind jedoch Elias zufolge von einer gewissen Unbeholfenheit geprägt.

> „Den gefährlichen Assoziationen des Friedhofs wird dadurch begegnet, daß man ihn einfach als einen ‚grünen Raum in der Stadt' hinstellt […]. Jedenfalls rückt man die Erinnerung an den Tod und an alles, was damit zusammenhängt, so weit wie möglich aus dem Gesichtskreis. Für den erwarteten Kundenkreis ist sie peinlich geworden. Aber die Vermeidungs- und Verdeckungsaktion wirkt nun selbst etwas peinlich." (Ebd.: 36 f.)

Allen Bemühungen zum Trotz sei der Friedhof in Wahrheit nämlich weit davon entfernt, ein funktionales Äquivalent des Parks zu sein:

> „Wenn es nur wirklich Parks für die Lebenden wären, die da geplant sind, Parks, wo Erwachsene ungehindert ihre Stullen verzehren und Kinder frei miteinander spielen können. Früher war das vielleicht einmal möglich, heute verbietet es die Neigung zur Feierlichkeit, die Tendenz, Scherz und Lachen als unziemlich aus der Nähe der Toten zu verbannen – Symptome des halb unbewußten Bestrebens der Lebenden, sich von den Toten zu distanzieren und auch diese peinlich gewordene Seite der menschlichen Animalität so weit als möglich hinter die Kulissen des gewöhnlichen Lebens zu verlagern. Kindern, die fröhlich um die Gräber spielen wollten, würden die Hüter der gepflegten, blumengeschmückten Anlagen wohl die Leviten lesen, wegen mangelnder Ehrfurcht gegenüber den Toten." (Ebd.: 37)

Mit „früher" spielt Elias auf den mittelalterlichen Kirchhof an, der ein anderes Erscheinungsbild als gegenwärtige Friedhöfe aufwies und einen anderen gesellschaftlichen Stellenwert innehatte. Kirchhöfe befanden sich üblicherweise im Mittelpunkt der Stadt bzw. des Dorfes, eben dort, wo die Kirchen standen, und waren über ihre Funktion als Leichenverwahrungsstätte hinaus Zentren „der Begegnung, der Entspannung und des gesellschaftlichen Umgangs" (Ariès 2005: 92). Auf ihnen wurden u. a. Märkte veranstaltet: „Dort standen Buden und Stände, Gaukler und Handwerker waren zugange, kurzum, es herrschte Leben und buntes Treiben." (Sörries 2011: 38) Dieses Bild hat sich im Laufe der Geschichte gewandelt, Friedhöfe wurden aus unterschiedlichen Gründen (z. B. aus religiösen, aber auch aus hygienischen Motiven) an die Stadtperipherie ausgelagert und die Toten hierdurch auf Distanz zu den Lebenden gebracht (dazu ausführlich Fischer 1996). Damit verbanden sich zugleich friedhofsarchitektonische Innovationen sowie veränderte Vorstellungen von Pietät und Transzendenz, was langfristig auch zu einem Wandel des typischen Verhaltens von Menschen auf Friedhöfen führte.

Doch inwieweit trifft Elias' Einschätzung von der Ambivalenz des (Park-)Friedhofs heute überhaupt noch zu? Wie der Rekurs auf das Mittelalter veranschaulicht, gibt es genau genommen nicht *den* Friedhof, sondern unterschiedliche, durch soziale Transformationsprozesse hervorgebrachte Formen, die sich entlang einiger Merkmale differenzieren lassen. Ein traditioneller Kirchhof ist sicher etwas anderes als ein kommunal verwalteter Parkfriedhof, wie ihn Elias bei seiner Beschreibung im Auge hatte. Parkfriedhöfe bilden streng genommen keine eigene Friedhofgattung; vielmehr handelt es sich um ein spezifisches, am Vorbild des englischen Landschaftsgartens orientiertes Gestaltungskonzept, das anstelle uniformer Optik mit regelmäßiger Wegführung, identisch zugeschnittenen Begräbnisflächen und der Anordnung der Gräber ‚in Reih' und Glied' durch ein Panorama einander abwechselnder Bäche, Teiche, Wiesen, Hügel und Waldstücke gekennzeichnet ist. Neben einem erhöhten Aufgebot an Sitzgelegenheiten trifft man in entsprechenden Anlagen heutzutage manchmal auf Kinderspielplätze, Angelmöglichkeiten, ‚Ruhezonen' und sogar Geräte zur sportlichen Betätigung. Dies verleiht dem Friedhof erst recht die Anmutung eines Parkgeländes.

Ausschnitt eines ‚Trimm-dich-Pfades' auf einem modernen Parkfriedhof (Projektarchiv Benkel/Meitzler)

Offenbar hat sich die ‚Verparklichung' der Friedhofskultur als bewährtes Konzept der jüngeren Vergangenheit erwiesen. Dafür spricht jedenfalls die Anzahl jener Friedhöfe, die in den letzten Jahren nach parknahen Gestaltungsprinzipien verändert worden sind. Betreiber gehen vermehrt dazu über, ihre Friedhöfe in entsprechende Richtung zu modifizieren, auch um der wachsenden Nachfrage nach ‚naturnahen‘ Sepulkralräumen jenseits geordneter und gleichförmig wirkender Gräberreihen gerecht zu werden. Obwohl die Reputation des Friedhofs – hier ist wiederum kein spezieller Typus gemeint, sondern der Friedhof als gesellschaftliche Institution im Allgemeinen – nicht unproblematisch ist (Benkel/Meitzler/Preuß 2019), genießen ausweichlich meines Interviewmaterials gerade Parkfriedhöfe und Nekropolen mit Gestaltungselementen öffentlicher Erholungsanlagen die höchste Akzeptanz. Aufgrund der ihnen zugeschriebenen atmosphärischen Eigenschaften werden sie von vielen Befragten nicht (oder zumindest nicht nur) zum Zweck des Besuchs bzw. der Pflege einer Grabstätte frequentiert. Ihren Mehrwert erhalten Parkfriedhöfe bezeichnenderweise durch jene Angebotsfacetten, die über die originäre Bedeutung des Friedhofs als Ort der Beisetzung, der Trauer und des Totengedenkens hinausgehen.

Ohnehin erhält der ‚Leichenaufbewahrungscharakter‘ keine visuelle Evidenz. Obwohl sich nirgendwo sonst so viele tote Körper auf so engem Raum befinden und man auf Friedhöfen buchstäblich ‚über Leichen‘ geht, kommt es für gewöhnlich zu keinen Begegnungen mit den Toten.

> „Hinsichtlich der Verwaltung der körperlichen ‚Überreste‘ ist der Friedhof ein Ort, der von einem dialektischen Spannungsverhältnis zwischen Sichtbarkeit und Unsichtbarkeit geprägt ist. Der Betrachter soll *wissen,* dass sich hinter oder vielmehr unter den Grabstätten Leichenreste befinden und dass die Wandkolumbarien Urnen mit menschlichen Ascheresten aufbewahren, aber er soll es nicht *wahrnehmen.*“ (Benkel 2012: 135 f.; Herv. i. O.)

Dass das so ist, wird üblicherweise nicht als Defizit, sondern als Kulturleistung verbucht; gesteigertes Interesse an einer gegenteiligen Konstellation, bei der Leichen nicht unsichtbar unter der Erde, sondern sichtbar darüber aufbewahrt werden, darf man wohl nur den wenigsten unterstellen. Die Ausblendung des toten Körpers ist für Friedhöfe somit programmatisch: „Wäre der ‚Körperrest‘ das entscheidende Moment der Bestattungskultur, dann wäre die Leiche in einem Glassarg an der Bodenoberfläche platziert.“ (Ebd.: 133)

Die Problematik, die Elias im Auge hat, besteht nun aber darin, dass der Friedhof schon deshalb kein ‚echter‘ Park sein kann, da auf ihm parkuntypische, an Konzepten wie Pietät und Würde orientierte Normen herrschen. Damit entsteht ein Spannungsverhältnis zwischen grüner Behaglichkeit und einschränkenden Vorgaben. Schon am Eingangsbereich befindet sich für gewöhnlich ein Schild, auf dem neben den Öffnungszeiten auch Auszüge aus der Friedhofsordnung wiedergegeben und Besucher darüber unterrichtet werden, was auf dem Gelände nicht gestattet ist (etwa das Mitführen von Hunden, umhertobende Kinder oder jedwede Erzeugung von Lärm). Neben diesen festgeschriebenen Regeln herrschen noch weitere, damit zum Teil einhergehende soziale Verhaltenserwartungen, die zwar selten explizit gemacht werden, dadurch aber nicht weniger wirksam sind. Hierin liegt gewissermaßen die Essenz der Elias'schen Friedhofskritik, die im Übrigen von einigen meiner Interviewpartner geteilt wird. Sie sehen aufgrund der Regulierung und der empfundenen sozialen Kontrolle, die ihnen bestimmte Handlungsweisen verwehrt, im Friedhof gerade keinen adäquaten Parkersatz, sondern präferieren andere Orte für ihre Reminiszenzen.

Vor diesem Hintergrund lässt sich auch der seit einigen Jahren zu verzeichnende Popularitätsgewinn ‚naturnaher' Bestattungen abseits der konventionellen Friedhöfe verstehen. Als besonders beliebt erweisen sich aktuell Beisetzungen unter Bäumen sogenannter Bestattungswälder (Bauer 2015), die zu den wenigen legalen Friedhofsalternativen gehören. Menschen, die eine solche Variante für sich selbst in Erwägung ziehen oder Angehörige von Verstorbenen sind, die im Wald beigesetzt wurden, sehen darin meist einen deutlichen Mehrwert gegenüber dem klassischen Friedhof. Während letzterer nicht selten mit Ordnung, Verboten, Zwängen, Tod, Trauer, Trostlosigkeit und erdrückender Atmosphäre assoziiert wird, stellt der Wald einen Ort der Erholung, der Freiheit und der lebendigen Natur dar. Zwar gelten Bestattungswälder unter juristischen Gesichtspunkten ebenfalls als Friedhöfe, gemäß der Marketingstrategie ihrer Anbieter grenzen sie sich jedoch ausdrücklich vom traditionellen ‚Totenacker' ab. Unbeschadet der vermittelten Bilder ließe sich bei näherer Betrachtung diskutieren, wie ‚natürlich' die Natur des Bestattungswaldes tatsächlich ist und wie uneingeschränkt die Freiheit der Angehörigen faktisch ausfällt (vgl. Meitzler 2019c: 83).

Zu den Imagekampagnen vieler ‚klassischer' Friedhöfe gehört demgegenüber, ein Bewusstsein für all jene Eigenschaften und Nutzungsmöglichkeiten zu generieren, welche über die wohl am häufigsten mit ihnen in Verbindung gebrachte Funktion als Leichendepot hinausgehen. Nicht selten wird dabei von der Metapher der ‚grünen Lunge' Gebrauch gemacht. Friedhöfe werden als Oasen der Entschleunigung sowie als Orte des Rückzugs aus dem geräuschvollen und hektischen Alltagsleben beworben. Auf diese Weise sollen sie gewissermaßen von den Rändern der gesellschaftlichen Aufmerksamkeit zurück in die ‚Mitte des Lebens' geholt werden – dorthin also, wo sie vor langer Zeit einmal gewesen sind. Dass neben idealistischen auch und vor allem ökonomische Motive eine Rolle spielen und dass die Bereitschaft und die Möglichkeiten zu größeren Innovationen nicht überall gleich ausfallen und nicht jedes Angebot unisono Resonanz erfährt, ist bei all dem zu berücksichtigen. Entsprechende Maßnahmen machen indes deutlich, dass vieles, was über lange Zeit unhinterfragt blieb, mittlerweile in die Kritik geraten ist und Konkurrenz durch alternative Konzepte erfahren hat. Damit geht ein Ringen um Deutungshoheit einher: Wer entscheidet letztlich darüber, was für ein Ort der Friedhof ist, welches seine primären Aufgaben sind und auf welche Weise er diese in Zukunft wahrzunehmen hat?

Neben den skizzierten landschaftsarchitektonischen Aspekten machen sich noch weitere Tendenzen auf zentraleuropäischen Friedhöfen bemerkbar, deren Anfänge ungefähr in die Zeit fallen, in der Elias' Studie erschien. In Form eines Exkurses möchte ich in diesem Zusammenhang auf eigene empirische Friedhofserkundungen verweisen. Im Kern geht es um den sukzessiven Gestaltenwandel von Grabanlagen im Zeichen der *Pragmatisierung* und *Individualisierung*. Während sich teils monumentale Familiengrüfte noch bis in die zweite Hälfte des 20. Jahrhunderts hinein einer gewissen Beliebtheit erfreuten, werden moderne Gräber vermehrt platz-, pflege- und kostensparend eingerichtet. Überdies lässt sich mit Blick auf die Grabsemantik eine tendenzielle Abkehr von sakralen bzw. christlich konnotierten Elementen beobachten – bei gleichzeitiger Zunahme von Bezügen auf profane Lebensweltelemente der Bestatteten. Beide Entwicklungslinien gehen auf recht ähnliche gesellschaftliche Ursachen zurück und sollen nachfolgend etwas näher betrachtet werden.

Veränderte ökonomische Verhältnisse bzw. Prioritäten[2] sowie neue Mobilitätsanforderungen (vor allem im Zuge globalisierter und flexibilisierter Arbeitsmarktstrukturen)[3] tragen dazu bei, dass bei der heutigen Entscheidung für oder gegen

---

[2] Dass die Bestattung mehr denn je zu einer Frage des Geldes geworden ist, hat u. a. mit der ersatzlosen Streichung des (auch als ‚Sterbegeld' bezeichneten) Beerdigungszuschusses zu tun, der in Deutschland bis zum Jahr 2004 noch von den gesetzlichen Krankenkassen ausgezahlt wurde. Die ‚sepulkrale Bescheidenheit' entspringt jedoch nicht in jedem Fall einer prekären finanziellen Situation und hohem Kostendruck. Häufig spiegelt sich darin schlichtweg die Priorisierung anderer den Lebensstil bestimmender materieller Güter wider. Während pompöse Grabbauten noch bis ins 19. Jahrhundert hinein als Distinktionsobjekte der Oberschicht fungierten, eignen sich heutige Ruhestätten nur mehr bedingt als zuverlässige Indikatoren des sozioökonomischen Status' der Beigesetzten und/oder ihrer Familien (vgl. Benkel 2012: 112).

[3] Menschen, deren Biografie von regelmäßigen Wohnortwechseln geprägt ist, die nicht an feste Räume gebunden sind und innerfamiliäre Beziehungen auf Distanz führen (Beck/Beck-Gernsheim 2011), sehen sich oftmals nicht in der Lage, die Gräber ihrer verstorbenen Verwandten kontinuierlich aufzusuchen, geschweige denn zu pflegen. In der Konsequenz verwundert es nicht, wenn die Wahl auf Begräbnisvarianten fällt, die jenen ‚logistischen' Bedingungen entgegenkommen. Infolge des demografischen Wandels werden ferner ‚Todesfälle ohne Hinterbliebene' wahrscheinlicher. Dies veranlasst Menschen des Öfteren dazu, in Sachen Bestattung selbstständig vorzusorgen, indem sie ihre Wünsche zu Lebzeiten bei

ein bestimmtes Grabmodell verstärkt pragmatische Erwägungen von Bedeutung sind. Rasengräber, Urnenwandnischen oder anonyme Beisetzungen auf der ‚grünen Wiese' – um nur ein paar konkrete Beispiele zu nennen – erweisen sich nicht zuletzt deshalb als attraktive Gegenentwürfe zum klassischen Wahlgrab,[4] weil sie vergleichsweise kostengünstig und pflegeleicht, mithin sogar pflegefrei sind. Die „Miniaturisierung der Grabstätten" (Fischer 2016: 266) kann außerdem darauf zurückgeführt werden, dass viele Hinterbliebene dem Grab eine nur nachgeordnete Bedeutung als Trauer- und Gedenkort zuschreiben. Wie bereits dargelegt, finden sich auch in meinem Interviewmaterial Hinweise auf das „Auseinanderdriften von Bestattungsort einerseits und Erinnerungsort andererseits" (Fischer 2011: 125), und nicht wenige Gesprächspartner verbinden mit der Grabpflege mehr eine verpflichtende als eine heilsame Wirkung (Benkel/Meitzler 2019a).

Die Mehrheit der neu angelegten Ruhestätten benötigt schon deshalb weniger Platz, weil darin Urnen anstelle von Särgen beigesetzt sind. Im Lichte solcher Faktoren wie der Säkularisierung, der ‚Überbevölkerung' von Friedhöfen und der damit einhergehenden hygienischen Probleme wurden Ende des 19. Jahrhunderts die ersten Krematorien in Betrieb genommen (Thalmann 1978). Die Genese des damit verbundenen Bestattungstypus' war zunächst jenem ‚Kulturkampf' geschuldet, der sich zwischen Religion und Staat abspielte; sie geht nicht unbedingt auf einen unvermeidbar gewordenen, gesellschaftlichen Drang zurück. Besetzte die Feuerbestattung zunächst also lediglich eine sepulkralkulturelle Nische, gewann sie in den nachfolgenden Dekaden, auch aufgrund von kirchlichen Zugeständnissen, sukzessive an Popularität und macht gegenwärtig sogar circa 75 % aller Bestattungen in Deutschland aus (Mitteilung der Gütegemeinschaft Feuerbestattungsanlagen e. V. mit Stand vom Juni 2020).[5] Die starke

---

einem Bestatter ihres Vertrauens vertraglich festschreiben und entsprechende Leistungen vorabbezahlen. In jenen Fällen, in denen weder solche Vorkehrungen getroffen wurden noch bestattungspflichtige Hinterbliebene ermittelt werden konnten, kommt es zu sogenannten Ordnungsamtbestattungen. Gemeint sind behördlicherseits angeordnete und finanzierte kostengünstige Sammelbeisetzungen mehrerer Urnen in einem (meist) anonymen Grabfeld (Spranger 2011).

[4] Wahlgräber bieten Platz zur Beisetzung mehrerer Särge bzw. Urnen, weswegen sie häufig als Familiengrabstätte fungieren. Ihre Lage auf dem Friedhofsgelände kann von den Erwerbenden gewählt und das Nutzungsrecht nach Ablauf der im Durchschnitt 20 bis 25 Jahre währenden Ruhezeit gegen Gebühr verlängert werden. Im Unterschied dazu sind sogenannte Reihengräber in der Regel Einzelgräber, die in chronologischer Reihenfolge nebeneinander angelegt werden und deren Liegefrist nicht verlängerbar ist.

[5] Im regionalen Vergleich kommt es diesbezüglich zu Schwankungen, die u. a. auch heute noch auf religiöse Strukturen zurückzuführen sind. So fällt die Einäscherungsquote im katholisch geprägten Süden weiterhin niedriger aus als im protestantischen Norden, wo sie wiederum

Nachfrage nach kleinflächigen Urnengräbern, welche typischerweise auch den Verzicht auf opulente Grabmale sowie die Reduktion von Trauerschmuck implizieren, stellt Friedhofsverwaltungen und -gewerke (Steinmetze, Friedhofsgärtner usw.) vor große ökonomische Herausforderungen. Im Unterschied zu mittelalterlichen und frühneuzeitlichen Nekropolen bestehen die Platzprobleme des modernen Friedhofs somit nicht in einem Zuwenig, sondern in einem Zuviel. Parkorientierte Gestaltungskonzepte können vor diesem Hintergrund als Versuch einer ‚sinnvollen' Umnutzung der seit den 1980er Jahren zunehmenden Freiflächen verstanden werden.

Die bisher genannten Erscheinungen lassen sich unter dem sepulkralen Haupttrend der *Individualisierung* subsumieren. Gemeint ist ein mit dem Beginn der Moderne einsetzender soziokultureller Wandel, der u. a. auf funktionelle Differenzierung und soziale Arbeitsteilung im Zuge von Industrialisierung und Urbanisierung zurückgeht. Mit der Individualisierung, ihren Ursachen und Auswirkungen auf diverse Bereiche des gesellschaftlichen Lebens ist die Soziologie schon seit ihren Anfängen befasst. Das Verhältnis von Individuum und Gesellschaft bildet einen zentralen Gegenstand in den Sozialtheorien der sogenannten ‚Klassiker' von Weber, Simmel und Durkheim – bis hin zu Elias (Kippele 1998; Schroer 2001).

Seit geraumer Zeit ist der Individualisierungsansatz auch außerhalb wissenschaftlicher Diskurse *en vogue,* was vor allem auf das 1986 erschienene Buch von Ulrich Beck (1986) über die *Risikogesellschaft* zurückzuführen sein dürfte. Beck begreift Individualisierung zunächst als Herauslösung des Individuums aus traditionellen sozialen Bindungen, Rollen und Orientierungsmustern. Herkunft, Heimat, Familie, Klasse und Religion gelten in der individualisierten Gesellschaft als antiquierte Kategorien. Er spricht in diesem Zusammenhang von *Freisetzung.* Seit den 1950er Jahren vollziehe sich ein radikaler Individualisierungsschub, der durch einen Anstieg von Wohlstand, Bildung, Mobilität, Freizeit und Konsum zum Ausdruck komme. Für die moderne Lebensführung habe dies ein gewachsenes Maß an Eigenverantwortlichkeit sowie den Verlust von verlässlichen Leitbildern zur Folge. Seine eigene Existenz werde einem nicht mehr in die Wiege gelegt, vielmehr gehe es darum, sie selbst zu ‚erbasteln' (siehe dazu den Begriff der „Bastelexistenz" bei Hitzler/Honer 1994). Individualisierung wird damit zum zweischneidigen Schwert – mit gewonnenen Freiheiten auf der einen

---

unter dem Schnitt des mehrheitlich konfessionslosen Ostens liegt. In einigen Ortschaften der ‚neuen' Bundesländer beträgt der Anteil mittlerweile sogar weit über 90 % (vgl. Meitzler 2022a: 74).

Seite und der Zumutung von Entscheidungszwängen sowie selbst zu verantwortenden Risiken auf der anderen. Diese Dimension nennt Beck *Entzauberung*. Er versteht Individualisierung jedoch keineswegs als ein Herausfallen aus der Gesellschaft. Die aus überkommenen Bezügen freigesetzten Individuen suchen stattdessen – im Sinne der *Reintegration* – nach neuen, ‚posttraditionalen' Vergemeinschaftskontexten (wie z. B. Vereine, Parteien, Subkulturen oder bestimmte Erlebnismilieus). Diese sind autark gewählt, die Zugehörigkeit zu ihnen ist unverbindlich und temporär (Hitzler/Honer/Pfadenhauer 2008). Ihre Mitglieder können somit einerseits an einem Kollektiv partizipieren und haben andererseits das Gefühl, durch die selbstbestimmte Wahl individuell zu sein.

Was bedeutet all dies nun für das Lebensende im Allgemeinen und den Friedhof im Besonderen? Angesichts des im Zuge der Feldforschung generierten Datenkorpus' wird deutlich, dass auch der Umgang mit Sterben, Tod, Trauer und Gedenken mehr denn je unter der Prämisse der individuellen Aneignung steht. Neben diversen anderen Schauplätzen macht sich dieser Gedanke nicht zuletzt auf dem Friedhof bemerkbar. Statt sich ‚in's gemachte Grab zu legen', besteht heutzutage nicht nur die Freiheit, sondern auch die Notwendigkeit, in Sachen Beisetzungsform und Grabdesign aus der Vielzahl an Möglichkeiten zu wählen. Moderne Begräbnisorte brechen mittlerweile verstärkt aus traditionellen Gestaltungsprinzipien aus.[6] Waren Grabfelder zuvor noch weitestgehend von Nüchternheit und Uniformität geprägt[7] – ein Relikt der Friedhofsreform des frühen 20. Jahrhunderts – und erinnerten sie optisch ein wenig an monotone „Reihenhaussiedlungen" (Büsche 2006: 37), so stellen ‚posttraditionelle Gräber' etwa durch bildliche und textliche Verweise auf Freizeitpassionen, durch populärkulturelle Zitate, ‚private Poesien', kompakte Lebensbilanzen sowie durch das Ablegen emotional aufgeladener Alltagsgegenstände usw. verstärkt auf lebensweltliche Besonderheiten ab.

---

[6] Der Gedanke, Gräber so zu gestalten, dass sie sich von ihrer Umgebung abheben und dem Betrachter ins Auge fallen, ist gewiss kein Produkt der gegenwärtigen Friedhofskultur. So stachen etwa schon die erwähnten Prunkgräber der frühen Neuzeit allein durch ihre Größe hervor; sie sollten damit die distinguierte Position des Verstorbenen und seiner Angehörigen zum Ausdruck bringen. Diese historischen Beispiele lassen sich allerdings schwer mit den derzeitigen Individualisierungseffekten vergleichen, die wesentlich weiter verbreitet und stärker ausdifferenziert sind. Auch stellen individualisierte Gräber heutzutage nicht mehr das Privileg von Menschen mit hohem sozioökonomischem Status dar (vgl. Meitzler 2016b: 145).

[7] Ein prototypisches Beispiel für uniforme Gestaltungslogiken liefern Soldatengräber, die im deutschsprachigen Raum vor allem für die Toten der beiden Weltkriege errichtet wurden (Fischer 2003). Weil hier nicht die Persönlichkeit des Einzelnen im Vordergrund steht, sondern das Aufgehen im Kollektiv (und sukzessive die Aufopferung dafür), überrascht es nicht, dass die Grabgestaltung entsprechend einheitlich ausfällt.

Zu den häufigsten und eindringlichsten Mitteln der Personalisierung und Individualisierung moderner Ruhestätten gehört das Anbringen von Fotografien (vgl. Meitzler 2016b: 144 ff.), wodurch eine bereits im 19. Jahrhundert übliche Praxis gewissermaßen revitalisiert wird (Benkel/Meitzler 2014). Nach längerer Abstinenz auf deutschen Friedhöfen, die eine formelle Grundlage in konkreten Verboten durch Satzungen hatte, halten visuelle Abbildungen der Verstorbenen (und mitunter auch anderer, zum Teil noch lebender Personen) seit etwa 25 bis 30 Jahren wieder verstärkt Einzug – und dies in einer noch nie dagewesenen Pluralität (Meitzler 2017c). Zu den professionell eingerichteten Porträtfotos im klassischen Porzellanoval gesellen sich immer häufiger provisorisch angebrachte Alltagsschnappschüsse, die nicht zuletzt als Effekt der Digitalisierung, Popularisierung und Veralltäglichung der zeitgenössischen Fotopraxis verstanden werden können (Meitzler 2018b). Auch in diesem Zusammenhang bietet sich die weiter oben getroffene Unterscheidung zwischen den zwei Körpern der Toten an. Just an dem Ort, an dem der erste Körper in Form der Leiche seiner Sichtbarkeit dauerhaft beraubt wird, triumphiert die Sichtbarkeit des zweiten Körpers als fotografisches Abbild einer lebendigen Gestalt (vgl. Benkel/Meitzler 2014: 49).

Individualisierte Gräber vermitteln den Eindruck, dass die Verstorbenen heute nicht mehr so sehr als Bestandteil eines übergeordneten Kollektivs verabschiedet, betrauert und erinnert werden, sondern als Personen mit einzigartigen Attributen, die sie von anderen unterscheidbar machen. Ihre Identität findet nach dem Tod kein Ende, sondern wird gerade dann explizit gemacht. Diesen Vorgang habe ich an anderer Stelle als *postexistenzielle Existenzbastelei* bezeichnet (Meitzler 2016b). Unter Postexistenzialität verstehe ich zunächst „das Fortwirken einer Person über ihren Tod hinaus, etwa in Form von Bezugnahmen oder in Form eines Handelns, das explizit ‚im Sinne der Verstorbenen' erfolgt" (Meitzler 2020b: 594). Während mit der eigenen leiblichen Existenz auch die zu Lebzeiten vorgenommene selbstinitiierte Existenzbastelei endet, kann diese am Grab unter veränderten Vorzeichen stellvertretend durch die Hinterbliebenen fortgesetzt werden. Das der Individualisierung zugrundeliegende „Gebot zur Selbstinszenierung" (Schroer 2010: 286) findet in Form einer Fremdinszenierung sein sepulkrales Echo (vgl. Meitzler 2016b: 148). Gräber werden damit nicht nur zum Spiegelbild individueller Lebenswelten, sondern letztlich auch zum Spiegelbild einer Gesellschaft, die diese Lebenswelten sowie deren postmortale Repräsentation überhaupt erst ermöglicht.

Die Ruhestätte als ‚Display' für Lebensweltbezüge – hier ganz buchstäblich in Form eines steinernen Laptops mit Konterfei des Verstorbenen (Projektarchiv Benkel/Meitzler)

Wie sich anhand unzähliger Beispiele belegen lässt, schließen Pragmatisierung und Individualisierung auf dem Friedhof keineswegs einander aus. Vielmehr geht die Entscheidung für pflegearme Ruhestätten, wie bereits angedeutet, häufig auf Individualisierungseffekte zurück, und auch kleinere Grabflächen bieten Raum für individuelle Gestaltungselemente. Selbst wenn wie im Fall des anonymen Wiesengrabs jedwede oberirdische Grabkennzeichnung fehlt (Sachmerda-Schulz 2017), besteht hierin nicht zwangsläufig ein Widerspruch zur Individualisierungsthese. Entgegen einer weitverbreiteten Auffassung (siehe z. B. Happe 2012) legen meine empirischen Erkenntnisse nahe, dass anonyme Beisetzungen oftmals gerade nicht aus dem Wunsch resultieren, die eigene Identität postmortal auszulöschen und nach dem Tod vergessen zu werden. Vielmehr werden sie unter pragmatischen Gesichtspunkten (geringere Grabkosten und fehlender Pflegeaufwand) in Betracht gezogen und von Betroffenen als Ausdruck ihrer Lebenseinstellung und Werthaltung begriffen (vgl. Meitzler 2016b: 153).

All das bedeutet freilich nicht, dass sich moderne Friedhöfe sämtlicher traditioneller Rituale und Gepflogenheiten entledigt haben. Im Gegenteil macht die

Zahl der als posttraditionell einzustufenden Ruhestätten derzeit noch einen vergleichsweise geringen Anteil aus. Auch unter den neueren Gräbern gibt es solche,
die ausdrücklich und ausschließlich dem traditionellen Gestaltungsrepertoire entsprechen. Individualisierung ist hier also nicht als eine allumfassende, sondern
als eine ‚avantgardistische' Erscheinung zu verstehen, die je nach Friedhofstyp
und regionaler Lage bald mehr, bald weniger offenkundig zutage tritt und die in
Zukunft aller Voraussicht nach weiter an Bedeutung gewinnen wird.

Es wäre zu diskutieren, wie individuell manche Ausdrucksformen am Grab
(wie etwa eine populärkulturelle Figur, der Verweis auf eine bestimmte Auto-
marke, ein berühmtes Zitat, ein Songtext oder das Wappen eines Fußballvereins)
tatsächlich sind. Würde man den Individualitätsbegriff wörtlich nehmen, so dürften entsprechende Grabelemente kein zweites Mal auftauchen (vgl. Benkel 2017a:
118). Weil dies jedoch nicht der Fall ist, und weil sich auch posttraditionelle
Gräber meist recht ähnlicher kollektiv anschlussfähiger Mittel bedienen, ist es
treffender, nicht von faktischer Individualität, sondern von der *Inszenierung einer*
Vorstellung von Individualität zu sprechen. Indem Menschen am Grab inszenie-
ren, was sie unter Individualität verstehen, verraten sie nicht nur etwas über sich
selbst, sondern auch über die gesellschaftlichen Verhältnisse, unter denen entsprechende Vorstellungen entstehen konnten. Somit lässt sich auch auf dem Friedhof
erfahren, was Elias' Denken stets begleitet hat – nämlich, dass Individuum und
Gesellschaft immer nur im figurativen Zusammenhang zu verstehen sind.

> „Eine wirkliche Klarheit über das Verhältnis von Individuum und Gesellschaft ver-
> mag man erst dann zu gewinnen, wenn man das beständige Werden von Individuen
> inmitten einer Gesellschaft, wenn man den Individualisierungsprozeß in die Theorie
> der Gesellschaft mit einbezieht. […] Es gibt keinen Nullpunkt der gesellschaftlichen
> Bezogenheit des Einzelnen, keinen ‚Anfang' oder Einschnitt, an dem er als ein ver-
> flechtungsfreies Wesen gleichsam von außen an die Gesellschaft herantritt, um sich
> nachträglich mit anderen Menschen zu verbinden." (Elias 1987b: 46 f.)[8]

Auch bei der Errichtung und Gestaltung einer Ruhestätte spielen Interdependenzgeflechte eine Rolle. Gräber sind Artefakte, deren Vorhandensein nicht lediglich
aus dem Handeln einer einzelnen Person resultiert, sondern an dem mehrere
arbeitsteilig organisierte und in ihren Handlungen aneinander orientierte Akteure

---

[8] Dazu passend schreibt Elias andernorts: „In so eigentümlich individualisierten Gesellschaften wie den unseren vergißt man leicht, daß selbst der Wert und Sinn, den man dem eigenen
Leben in rein persönlicher und individueller Form beimißt, immer ein Wert und Sinn in bezug
auf andere ist, auf etwas jenseits der eigenen Person, ob wirklich oder imaginär. Ohne Funktionen für andere, ohne soziale Funktionen, wie sie auch verkleidet sein mögen, bleibt ein
menschliches Leben leer und bedeutungslos." (Elias 1989: 454)

(u. a. Friedhofspersonal, Friedhofsgärtnereien, Steinmetze, aber auch politische Entscheidungsträger) mit verschiedenen Absichten unter Zuhilfenahme verschiedener Instrumente beteiligt (gewesen) sind. Die Vorstellungen der Angehörigen übersetzen sie in handwerkliche Machbarkeiten bzw. sie geben hierfür einen Möglichkeitsrahmen vor. Der Tod ist so gesehen kein ‚Figurationenvernichter‘; vielmehr bringt die Notwendigkeit, mit einem Todesfall umzugehen, neue Figurationen hervor. Und auch die Figuration zwischen den Toten und den Lebenden wird mal symbolisch (durch Bezugnahmen an der Ruhestätte oder parasoziale ‚Kontaktaufnahmen‘) und mal praktisch (Vollstreckung des letzten Willens, Erbe usw.) aufrechterhalten bzw. neu konstituiert. Trotz ihrer Handlungsunfähigkeit und der Invisibilität ihres ersten Körpers entfalten die Toten somit Einfluss auf die Lebenden. Gleichzeitig sind sie aber auch insofern von ihnen abhängig, als ihre postmortale Fortpräsenz in Form ihres zweiten Körpers immerzu an die Erinnerungen der Lebenden geknüpft ist.

Auch wenn seine diesbezügliche Perspektive spannend gewesen wäre, geht es Elias in seinem Buch weniger um die (Nicht-)Präsenz der Verstorbenen an ihrem Grab und um die Individualisierung des Friedhofs, sondern um die angesprochene marketingstrategische Überdeckung des Todes mittels lebendigkeitskonnotierter Attribute. Der Friedhof dient ihm hierfür lediglich als Beispiel. Die daran beobachteten branchentypischen Imagekonstruktionen und ‚Todeszensuren‘ erwecken im Übrigen Assoziationen zu einer Anfang der 1960er Jahre erschienenen Studie von Peter L. Berger und Richard Lieban über kulturelle Wertstrukturen im Kontext des US-amerikanischen Bestattungswesens. Berger, der gemeinsam mit Luckmann wenig später die Gründungsurkunde der ‚neuen Wissenssoziologie‘ verantworten sollte (Berger/Luckmann 1969), steht Elias' Soziologieverständnis weder sehr nahe, noch liegt ein scharfer Antagonismus vor. Das, was er über die Arbeit zeitgenössischer ‚funeral directors‘ schreibt, passt jedenfalls zu den Überlegungen, die Elias zwei Jahrzehnte später festhalten sollte: Praktiken im Bestattungsbereich seien „durch eine Verschleierung und Beschönigung des Todes gekennzeichnet" (Berger/Lieban 1960: 224), was u. a. in der Thanatopraxie zum Ausdruck komme. Der Begriff steht für verschiedene Techniken, die der temporären Wiederherstellung bzw. Konservierung des körperlichen Erscheinungsbildes eines Verstorbenen (meist zum Zwecke der Aufbahrung) dienen. Neben kosmetischen Behandlungen umfasst dies vor allem das sogenannte *modern embalming*, bei dem das Blut durch einen Wirkstoff ersetzt wird, der die Verwesung für einige Zeit entschleunigt. Durch das Kaschieren sichtbarer Todeszeichen werde dem toten Körper „eine lebensgleiche Erscheinung" (ebd.: 225) verliehen. Die Realität des Todes wird, so ließe sich daraus folgern, auf diese Weise für ein bestimmtes Intervall – nämlich solange der Leichnam noch ein betrachtbarer und somit auch ‚ertragbarer' Körper sein soll – durch gezielte Interventionsmaßnahmen ausgeblendet. Bemerkenswert ist darüber hinaus, dass der erste Körper ein letztes Mal ins Zentrum der Aufmerksamkeit rückt und hierfür zum Ansatzpunkt von postmortalem ‚Schönheitshandeln' wird – bevor er endgültig verschwindet und in den Erinnerungen der Hinterbliebenen durch den zweiten Körper ersetzt wird.[9]

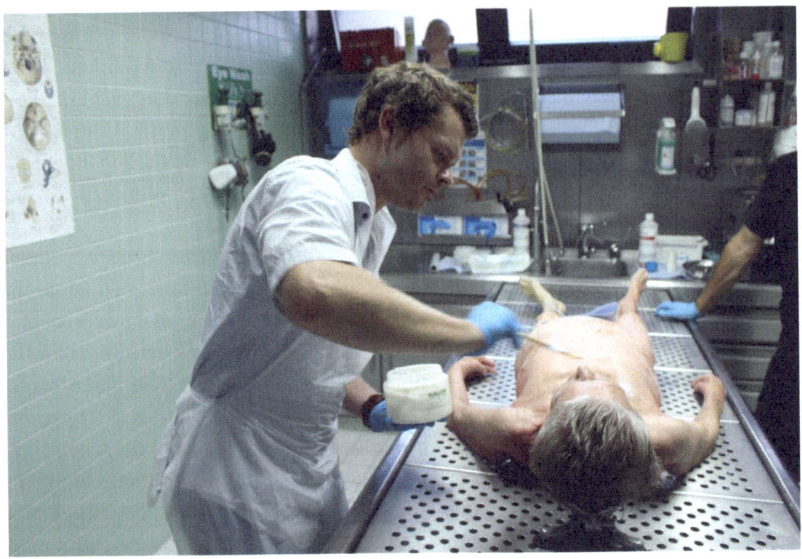

Kosmetische Behandlung im Rahmen der Thanatopraxie – eine Verdeckung des Todes? (Projektarchiv Benkel/Meitzler)

Ferner werde Berger und Lieban zufolge die räumliche Gestaltung der Leichenhäuser einer „‚Stimmungs'-Behandlung" (ebd.: 227) unterzogen, die im Dienste einer atmosphärischen Akzentverschiebung stehe. Ganz ähnlich verhalte es sich mit dem Design moderner Leichenwagen, die nicht als solche erkannt werden sollen. Analog zu Elias' Beispiel der Friedhofsbroschüre haben Berger und Lieban Werbeprospekte und Bestatterfachmagazine untersucht und festgestellt, dass Begriffe, die eine allzu aufdringliche Todesassoziation zulassen würden, durch euphemistische Ausdrücke ersetzt werden: Die Leichenhalle wird zum „Schlummerraum[]", das Totenhemd zum „Kleid", der Sarg zur „Truhe" usw.

---

[9] Siehe hierzu auch die Ausführungen von Talcott Parsons, der sich fast zeitgleich mit veränderten Einstellungen der US-amerikanischen Gesellschaft zum Lebensende beschäftigt und dabei u. a. die kosmetische Behandlung des Leichnams vor dessen Beisetzung als Symptom eines „‚denial' of the reality of death" erwähnt (Parsons 1963: 61).

(ebd.: 229; siehe auch Habenstein 1962: 243 f. sowie Mitford 1965: 13, 80 ff., 221 ff.).[10]

Schriftzug an der Außenfassade eines zeitgenössischen Bestattungshauses (Projektarchiv Benkel/Meitzler)

Von den USA der 1960er zurück zur gegenwärtigen Situation im deutschsprachigen Raum. Obschon entsprechende Verschleierungsbemühungen zum Teil noch immer wirksam sind, ließen sich im Zuge eigener Feldaufenthalte auf Bestattungsmessen durchaus Entwicklungen beobachten, die in eine andere Richtung weisen. Von einer unauffälligen Form- und insbesondere Farbgebung kann angesichts mancher Sarg- und Urnenmodelle jedenfalls nicht mehr gesprochen werden, und auch unter den Bestattungsfahrzeugen ist Zurückhaltung längst nicht mehr zwingend Trumpf. Überdies führt ein detaillierter Blick in aktuelle Werbebroschüren von Bestattungsunternehmen oder der Zulieferindustrie zu der Erkenntnis, dass das Lebensende und die damit verbundenen Vorgänge

---

[10] Hinsichtlich des internationalen Vergleichs bemerkt Ariès, dass „[a]us der Perspektive der Einstellungen zum Tode [...] der so konstituierte Kulturkreis nicht homogen [sei], nicht einmal der angelsächsische Ursprungsbereich". So habe sich „[i]n den Vereinigten Staaten und in Kanada" die „Eliminierung" des Todes „weniger radikal vollzogen", als dies etwa in England der Fall sei. „[D]er Tod ist nicht völlig spurlos aus der Stadtlandschaft verschwunden. Nicht daß man noch etwas zu Gesicht bekäme, was an die alten Trauerkondukte erinnerte; aber große Reklametafeln zögern nicht, auf offener Straße das Wort feilzubieten, das man verboten glaubte: *funeral home, funeral parlour.* Alles sieht in Amerika danach aus, als hätte ein großer Teilbereich seiner Kultur das Land dazu gedrängt, die Spuren des Todes zu verwischen, während ein anderer diese Tendenz durchkreuzte und dem Tod weiterhin einen gut sichtbaren Platz reservierte." (Ariès 2005: 763)

und Gegenstände weit weniger unverhüllt angesprochen werden, als dies offenbar noch vor ein paar Jahrzehnten der Fall gewesen ist. Wenn auf alternatives Verdeckungsvokabular verzichtet wird, müssen Särge eben keine ‚Truhen', sondern können wieder Särge sein – und mancher Anbieter buchstabiert diesen Rückeroberungsfeldzug ganz unverhohlen aus. Ob sich hierin ein signifikanter Trend innerhalb des gesamten Marktes abzeichnet, wäre unter Hinzuziehung gerade solchen Werbematerials, das sich weniger an Businessinsider, sondern ausdrücklich an Bestattungskunden richtet, zu prüfen.

Einsames Sterben?

In diesem Kapitel soll mit Blick auf die institutionell eingerahmte und organisatorisch forcierte Einsamkeit der Sterbenden noch einmal dem Schwerpunkt von Elias' Buch nachgegangen werden.

> „Es ist nicht immer ganz leicht, Menschen auf dem Weg zum Tode zu zeigen, daß sie ihre Bedeutung für andere Menschen nicht verloren haben. Wenn das geschieht, wenn ein Mensch im Sterben fühlen muß, daß er – obwohl noch am Leben – kaum noch Bedeutung für die umgebenden Menschen besitzt, dann ist er wirklich einsam. Gerade für diese Form der Einsamkeit aber gibt es viele Beispiele in unseren Tagen, einige alltäglich, andere außergewöhnlich und extrem." (Elias 2002: 66)

Glaubt man Elias, so gehört Einsamkeit zu den wesentlichen Kennzeichen des modernen Sterbens. Entgegen unverwüstlicher Klischeevorstellungen sei das Sterben in früheren Zeiten nicht automatisch harmonischer gewesen (zur Sozialgeschichte des Sterbens siehe allgemein Kellehear 2007). Gleichwohl vollzog es sich – auch weil es noch keine Privatsphäre im heutigen Sinne gab (vgl. Elias 2002: 76) – für gewöhnlich im Beisein der affektuell betroffenen (Groß-)Familie:

> „Es gibt im Rahmen dieser Großfamilien keine Gefühlsneutralität. Und das ist es, was in diesen Fällen auch den Sterbenden beisteht. Sie nehmen Abschied von der Welt der Öffentlichkeit und im Kreise von Menschen, die für sie zumeist einen recht starken Gefühlswert haben, für die sie selbst einen solchen Gefühlswert haben. Sie sterben unhygienisch, aber nicht einsam. Auf der Intensivstation eines modernen Hospitals dagegen werden die Sterbenden gemäß dem neuesten biophysischen Fachwissen behandelt, aber oft gefühlsneutral; sie können in völliger Einsamkeit sterben." (Ebd.: 87 f.)

© Der/die Autor(en), exklusiv lizenziert durch Springer Fachmedien
Wiesbaden GmbH, ein Teil von Springer Nature 2021
M. Meitzler, *Norbert Elias und der Tod*,
https://doi.org/10.1007/978-3-658-34654-6_8

Zentraler Schauplatz des ‚sauberen‘, aber einsamen Sterbens in der modernen Gesellschaft sei das Krankenhaus mit seinen „institutionalisierten Routinen" (ebd.: 34). Dort werden die Sterbenden zwar medizinisch-pflegerisch versorgt, die Professionalität der Klinikbelegschaft gehe jedoch mit mangelnder affektueller Zuneigung einher (siehe Ariès 2005: 730, wo das Krankenhaus ebenfalls als „Ort des einsamen Todes" beschrieben wird). Zur Institutionslogik des Krankenhauses (Lau 1975) gehört es, so könnte man daran anschließen, dass Sterbende nicht in einem ganzheitlichen Sinne als Personen wahrgenommen werden, sondern als auf Symptome, Diagnosen und Prognosen reduzierte ‚Fälle‘, für die man im Grunde ‚nichts mehr tun‘ kann. Derartige Umstände – De-Individualisierung, Stigmatisierung, Autonomieverlust und Einsamkeit der Patienten sowie die emotionale Distanziertheit des Personals – erinnern nicht zufällig an den von Goffman geprägten Terminus der „totalen Institution". Diese lasse sich „als Wohn- und Arbeitsstätte einer Vielzahl ähnlich gestellter Individuen definieren, die für längere Zeit von der übrigen Gesellschaft abgeschnitten sind und miteinander ein abgeschlossenes, formal reglementiertes Leben führen" (Goffman 1977: 11). Das Personal einer solchen Einrichtung teilt zwar den Aktionsraum mit denjenigen, die sich hier (in den meisten Fällen) unfreiwillig aufhalten, der entscheidende Unterschied besteht indes darin, dass die einen zwischen ‚drinnen‘ und ‚draußen‘ changieren, während die anderen diese Barriere nicht ohne Weiteres überschreiten können.

Jenseits ihres professionellen Berufshabitus' haben die im Krankenhaus Beschäftigten schon deshalb keinen näheren Bezug zu den Sterbenden, weil ansonsten, so Elias, der störungsfreie Fortgang der Organisationsroutine und die medizinische Effizienz beeinträchtigt würden. Da auch die besuchenden Angehörigen, sofern es sie überhaupt gibt, gewissermaßen zusätzlich ‚mitversorgt‘ werden müssen, stellen sie sich für das Personal weniger als Ent-, sondern vielmehr als *Be*lastung heraus.

> „Dem Sterbenden wird die jeweils fortschrittlichste, wissenschaftlich fundierte ärztliche Behandlung zuteil. Aber seine Kontakte mit den Menschen, an denen er oder sie hängt und deren Gegenwart gerade für den Sterbenden, der Abschied vom Leben nimmt, in höchstem Maße trostreich sein kann, werden häufig genug als störend für die rationale Behandlung des Sterbenden und für die Routinen des Personals betrachtet; sie werden demgemäß, soweit es sich tun läßt, abgekürzt oder verhindert." (Elias 2002: 86)

Mit diesen Worten bezieht sich Elias auf ein 14 Jahre zuvor erschienenes Buch von Barney G. Glaser und Anselm L. Strauss mit dem Titel *Time for*

Dying (Glaser/Strauss 1968). Es handelt sich um eine von mehreren Publikationen der beiden Autoren, denen umfangreiche ethnografische Untersuchungen in US-amerikanischen Krankenhäusern zugrunde liegen (siehe z. B. auch Glaser/Strauss 1974). Sie waren nicht nur für die nachfolgende Sterbeforschung im Speziellen, sondern (aufgrund des von hier aus entwickelten Programms der *Grounded Theory Methodology*; Glaser/Strauss 1967) auch für die qualitative Sozialforschung im Allgemeinen richtungsweisend. Im Zeitraum von insgesamt drei Jahren beobachteten Glaser und Strauss Interaktionsprozesse zwischen sterbenden Krankenhauspatienten, deren Angehörigen, Ärzten sowie Pflegekräften und interviewten diese Personen ergänzend. Die Autoren verstehen Sterben nicht lediglich als bio-physisches Geschehen, sondern analysieren es als interaktionistisch gestalteten Prozess, in den nicht nur die Sterbenden, sondern auch andere Akteure involviert sind (Glaser/Strauss 1974). Während das Personal bestens über die (aussichtslose) Situation der Patienten Bescheid wisse, so eines der Forschungsergebnisse, bestünden bei den Sterbenden diesbezüglich teils gravierende Informationsdefizite, die auf Vermeidungs- und Verheimlichungstaktiken vonseiten der Ärzte und Pflegekräfte zurückzuführen seien: Medizinische Befunde und infauste Prognosen werden nicht vollständig übermittelt, den Gelegenheiten für einen solchen ‚Wahrheitstransfer' wird von vorn herein gezielt aus dem Weg gegangen und bisweilen werden Patienten sogar angelogen. Hemmung, Peinlichkeit und Berührungsangst gegenüber Sterbenden ergreifen somit offenkundig nicht allein deren Angehörigen, und das moderne Sterben wird nicht nur in die Klinik verschoben, sondern selbst dort durch spezifische Umgangs- bzw. *Umgehungs*weisen verborgen oder zumindest marginalisiert.

Die ‚Todesbewusstheit' sei Glaser und Strauss zufolge jedoch nicht konstant, sondern lasse sich nach vier Graden unterscheiden: Mit *closed awareness* beschreiben die Autoren jene Situation, in welcher der Patient nichts über das Vorliegen seiner terminalen Erkrankung wisse, während das Krankenhauspersonal einen nahen Exitus für realistisch halte, ohne den Betroffenen aber darüber in Kenntnis zu setzen. Bei der *suspicion awareness* gelange der Patient zu dem noch nicht weiter validierten Verdacht, weder von den Ärzten noch von den Pflegekräften die ganze Wahrheit zu erfahren und möglicherweise bald zu sterben. Das Personal halte das schon zuvor gezeigte Vermeidungsverhalten weiter aufrecht, auch wenn sich der Patient ausdrücklich nach seinen Genesungsaussichten erkundige. Bei der *mutual pretence* verwandeln sich die Vermutungen des Patienten zur Gewissheit, ohne dass es zu einer offenen Aussprache mit Ärzten und Pflegenden komme. Stattdessen wirke der Sterbende sogar an der Verschleierung seiner Situation mit, was zu einer kommunikativen Entlastung für alle Beteiligten führe. Obwohl jeder einzelne vom aussichtslosen Zustand wisse, verhalte er sich so, als sei nicht bekannt, dass auch die anderen davon wissen. Von *open aware-ness* sei hingegen dann die Rede, wenn sich der Gesundheitszustand des Patienten derart verschlechtere, dass sein Sterben von niemandem mehr länger geleugnet, und somit offen thematisiert werden könne. Die Beteiligten wüssten nicht nur von der unumgehbaren Sterberealität, sondern sie wüssten zugleich, dass alle anderen davon ebenfalls wissen (siehe auch Mayr/Barth 2021: 176).

Ungefähr zur gleichen Zeit erschienen die Ergebnisse von David Sudnow (1973), einem weiteren Pionier der ethnografischen Sterbeforschung, der im Rahmen eines knapp 14-monatigen Feldaufenthaltes den Organisationsalltag zweier ebenso in den USA gelegenen Krankenhäuser untersuchte.[1] Im Unterschied zu den Arbeiten von Glaser und Strauss geht es Sudnow weniger um das „Informationsmanagement' in der Interaktion zwischen Patienten und Pflegepersonal" (ebd.: 83). Sein empirischer Fokus liegt folglich nicht auf den Abstufungen der Sterbegewissheit (bzw. -ungewissheit) und dem kommunikativen Umgang mit Befunden. Dies ist u. a. der Tatsache geschuldet, dass die meisten der Patienten, denen Sudnow während seiner Forschung begegnete, nicht mehr zu umfassenderen Interaktionen im Stande waren. Mit der Ausnahme von „Krebspatienten, bei denen es über längere Zeit hin eine echte soziale Interaktion mit dem Pflegepersonal gibt", spielte „bei einer sehr großen Zahl von Todesfällen das ‚Bewußtsein des herannahenden Todes' […] keine Rolle mehr". Aus diesem Grund entschied sich Sudnow dazu, stärker „den organisatorischen Aspekt des Stationsbetriebes" unter die Lupe zu nehmen (ebd.).

Auch wenn Sudnows Studie im Vergleich zu den Arbeiten von Glaser und Strauss eher einen deskriptiven denn theoriegenerierenden Charakter besitzt, kommt sie in Teilen zu recht ähnlichen Erkenntnissen. Das betrifft insbesondere die weitreichende Isolation der Sterbenden, die, so Sudnow, bereits in der Organisationsstruktur des Krankenhauses angelegt sei:

> „Im Prinzip dürfen ‚kritische Fälle' zwar zu jeder Tageszeit Besuch empfangen; aber faktisch ist das Pflegepersonal bestrebt, die Angehörigen so gut es geht von dem sterbenden Patienten fernzuhalten, indem sie ihnen zureden, doch lieber nach Hause zu gehen und dort weitere Nachrichten abzuwarten, oder zumindest darauf drängen, daß sie sich im Flur und nicht im Krankenzimmer selbst aufhalten." (Ebd.: 111)

In der Folge seien Angehörige im Sterbemoment des Patienten meist nicht zugegen und würden „erst nachträglich von seinem Tod unterrichtet, und der Arzt, der ihnen diese Mitteilung macht, fragt beiläufig, ob sie den Verstorbenen noch einmal zu sehen wünschen" (ebd.: 112). Etwaige ‚letzte Begegnungen' liegen jedoch

---

[1] Zur thanatosoziologischen Würdigung von Sudnows Werk siehe Meitzler/Thönnes 2022.

nicht im Interesse der Organisation: „Das ‚Vorführen' des Verstorbenen ist beim Sektionspersonal nicht sonderlich beliebt, weil es mit einer erheblichen Störung der Arbeitsroutine verbunden ist [...]." (Ebd.: 113)

Angesichts dieser empirischen Ausgangslage arbeitet Sudnow die Kategorie des *sozialen Todes* heraus (vgl. ebd.: 96).[2] Gemeint ist ein vom biologischen Lebensende zu unterscheidender Exklusionszustand, bei dem der Sterbende über das medizinisch-technische Versorgungsverhältnis hinaus keine soziale Anerkennung und Relevanz mehr für das Leben der anderen besitze und „im wesentlichen als Leiche behandelt wird" (ebd.: 98; siehe ferner Schützeichel 2018: 262 ff. sowie Feldmann 2010a: 126 ff.). Zwar achte das zuständige Personal weiterhin auf ein Funktionieren der lebenserhaltenden Apparaturen, indes verlieren sämtliche Eigenschaften, die für diese Person einstmals bedeutsam waren und den Umgang mit ihr geprägt haben, an Wirksamkeit. Sudnow nennt u. a. das Beispiel des Komapatienten, in dessen Gegenwart über Dinge gesprochen werde, „die absolut tabu wären, wenn er bei Bewußtsein wäre" (ebd.: 116).

Doch wie steht es nun um die Einsamkeit der Sterbenden in *unseren* Tagen, d. h. zu Beginn der 2020er Jahre? Auch wenn sich die Prognose, dass bis zur Jahrtausendwende „jeder in unseren Breiten in einer Institution versterben" werde (Helmers 1989: 34), nicht bewahrheitet hat, ist das institutionalisierte Sterben unter stationärer Versorgung in Deutschland wie auch in anderen Industrienationen nach wie vor weit verbreitet. Der nicht selten geäußerte Wunsch, seine buchstäblich letzten Tage in den heimischen vier Wänden verbringen zu können (Hoffmann 2011), findet in dem Umstand, dass sich hierzulande mehr als die Hälfte aller Sterbefälle hinter Krankenhausmauern ereignen, ein ernüchterndes Gegengewicht. Tatsächlich stirbt gegenwärtig nicht einmal mehr jeder vierte zu Hause (vgl. Sauer/Müller/Rothgang 2015: 170).

Bei diesen Angaben handelt es sich um grobe Schätzungen; nach exakten, widerspruchsfreien Sterbeortstatistiken sucht man vor allem deshalb vergeblich, weil in der amtlichen Todesfallstatistik lediglich die Todesursachen, nicht aber die

---

[2] Sudnow bezieht sich damit auf seinen akademischen Lehrer Goffman, der in seinem Buch über *Asyle* vom „bürgerlichen Tod[]" spricht (Goffman 1977: 26). Letzterer ereile die Patienten einer psychiatrischen Klinik (oder Insassen anderer totaler Institutionen wie z. B. Gefängnissen) aufgrund ihrer Trennung von der Außenwelt und des daraus resultierenden Rollenverlustes. Demgegenüber verwendet Sudnow (1973: 96) den Begriff des sozialen Todes „in einem eingeschränkten Sinne, der sich nicht unbedingt mit den Intentionen Goffmans deckt". Relevant sind für ihn ausschließlich solche Fälle, bei denen „es um den Tod im buchstäblichen Sinn des Wortes geht, d. h. wo das zu erwartende oder faktische Eintreten des Todes die Grundlage für Aktivitäten bildet wie: die Vorbereitung einer Obduktion, die Verfügung über persönliche Habseligkeiten, die Unterrichtung von Bestattungsunternehmen, die Überführung in die Leichenhalle" (ebd.: 99).

Sterbeorte ermittelt werden. Der Sterbeort wird zwar durchaus in den Totenscheinen vermerkt, letztere erfahren allerdings keine weitere statistische Auswertung (Dasch et al. 2015). In manchen Studien wird die Sterbeortverteilung hingegen anhand von Stichproben untersuchter Totenscheine in ausgewählten regionalen Gebieten berechnet (siehe z. B. Dasch 2017; Ochsmann et al. 1997). Eine weitere Problematik besteht in der notwendigen Unterscheidung zwischen dem Ort des Sterbens und dem Ort des Todeseintritts. Wie ist etwa bei einer Person zu verfahren, die über Wochen am heimischen Krankenbett versorgt wurde, dann aber in eine Klinik eingeliefert wird, wo ein Arzt nach wenigen Minuten den *exitus letalis* feststellt? Von all dem abgesehen, kann hinsichtlich des besagten Auseinanderklaffens von Wunsch und Wirklichkeit von einem „Sterbeortparadox" gesprochen werden (Csef 2018: 2).

Sterben als Raumwechsel – nicht nur im metaphorischen Sinne (Projektarchiv Benkel/ Meitzler)

Welches der Sterbeort der Zukunft sein und ob es in dieser Hinsicht überhaupt noch klare Mehrheiten wie in früheren Zeiten geben wird, ist ungewiss. Wenngleich sich Tendenzen zur Wiederaneignung (und zwar nicht nur des toten, sondern auch des sterbenden Körpers) abzeichnen, spricht wenig für eine Rückkehr zum heimischen Sterben unter den Bedingungen nicht-professioneller, nämlich familialer Fürsorge. Ohnehin wäre zu klären, ob „das Sterben Zuhause für alle gleichermaßen möglich" ist oder „erst strukturelle Voraussetzungen geschaffen werden [müssen], um das Sterben am gewünschten Ort realisieren zu können" (Thönnes 2013: 19). Es lässt sich somit konstatieren:

> „Wie jemand stirbt – palliativmedizinisch, pflegerisch gut versorgt, wenn gewünscht ehrenamtlich begleitet – hängt derzeit nicht nur von seinen Bedarfen, Bedürfnissen oder Wünschen ab, sondern zuvorderst vom Wohnort, d. h. von der je nach Region vorhandenen oder fehlenden Infrastruktur." (Schneider/Stadelbacher 2020: 495)

Trotz der negativen Konnotation, die die Auseinandersetzung mit dem institutionell gerahmten Sterben bis hierhin möglicherweise transportiert haben mag, darf, wie Benkel (2012: 105 f.) zu bedenken gibt, nicht übersehen werden, dass

> „die Auslagerung des Sterbeprozesses in die Arme der Medizin [...] auch einen nicht zu unterschätzenden Beitrag für die psychologische Stabilisierung der Angehörigen vollbringt. Das Woanders-Sterben begrenzt die ‚Visite des Todes' im eigenen Heim auf die unmittelbare Trauerzeit. [...] Das Sterben kann folglich als ‚Ausnahmeerfahrung' verbucht werden, die eben nicht zuhause erfolgt, sondern im Ausnahmekontext der Krankenhausversorgung. Die Folge: Der Tod taucht, im Sinne Epikurs, tatsächlich dort auf, wo man selbst nicht ist."

In dem Jahrzehnt, in dem Elias' Buch erschien, erreichte die Verlagerung des Sterbens in das Krankenhaus „einen Höchstpunkt", während sie „bis heute mit einer Verlagerung des Sterbens in Alten- und Pflegeheime" abflacht (Thönnes 2013: 18). Die zuletzt genannte Einrichtung findet, obzwar sie damals noch weitaus weniger verbreitet war als heutzutage, auch bei Elias Erwähnung. Dieser betont, dass sich die Einsamkeit häufig nicht erst in den letzten Lebenstagen im Klinikbett, sondern bereits zu einem früheren Zeitpunkt abzeichne: „Schon Gebrechen sondern oft die Alternden von den Lebenden. Ihr Verfall isoliert sie. Ihre Kontaktfreudigkeit mag geringer, ihre Gefühlsvalenzen mögen schwächer werden, ohne daß das Bedürfnis nach Menschen erlischt." (Elias 2002: 10) Mit zunehmendem Alter schwinden nicht allein Körperkräfte, sondern auch affektuell besetzte Beziehungen und die Möglichkeiten gesellschaftlicher Teilhabe.

Weil die durchschnittliche Lebenserwartung sowie der Anteil alter Menschen an der Gesamtbevölkerung seither noch weiter angestiegen sind, dürfte die Problematik mittlerweile noch stärker an Relevanz gewonnen haben. Wer im Zuge eines altersbedingt eingeschränkten Mobilitätsradius' seine Wohnung oder sogar

sein Bett nicht mehr verlassen und ohne fremde Hilfe alltägliche Dinge wie
Essen, Toilettengänge, Ankleiden oder Körperhygiene nicht mehr bewältigen
kann, dem fällt es umso schwerer, soziale Kontakte zu pflegen oder gar zu generieren. Der Bezug zu jüngeren Menschen, die vorrangig ihren eigenen Interessen und Verpflichtungen nachgehen, wird geringer, derweil sich gleichaltrige
Weggefährten ihrerseits zurückziehen und zum Teil vor einem selbst versterben.
Der vermeintliche Segen des langen Lebens wird nicht zuletzt auch dadurch
zum Fluch, dass man das Sterben vieler signifikanter Anderer – wenigstens
metaphorisch – ‚mitansehen' muss (vgl. Meitzler 2011: 92 ff.).

Auch unter demografischen Gesichtspunkten findet das von Elias beschrie-
bene Einsamkeitsszenario im Alter eine empirische Entsprechung, etwa aufgrund
der Verkleinerung von Familien, der Singularisierung im Alter infolge von Ver-
witwung und zunehmender Kinderlosigkeit, aber auch durch soziale Mobilität
(Wegzug der Kinder in weite Ferne usw.). Es „schrumpft die Zahl der häusli-
chen Gemeinschaften, die die Last der Fürsorge für Kranke und Sterbende tragen
könnten. Folglich bleibt vielen Menschen gar keine andere Wahl, als ihre letzte
Lebensphase in einer stationären Einrichtung zu verbringen" (Wasner 2012: 83).[3]
Das einsame Sterben ist, so betrachtet, die Konsequenz eines individualisierten
Lebens.

An die Stelle von fürsorgenden Familienmitgliedern treten die geschulten
Fachkräfte des Altenpflegeheims. Aber auch sie vermögen die drohende Einsamkeit letztlich nicht abzuwenden. Das Vergemeinschaftungspotenzial unter
den Bewohnern bewege sich, so Elias, in einem überschaubaren Rahmen, neu
geschlossene Freundschaften seien unwahrscheinlich.

> „Außer im Falle von alten Ehepaaren bedeutet die Aufnahme ins Altersheim nicht
> nur gewöhnlich das endgültige Absterben früherer Gefühlsbeziehungen, es bedeutet
> zugleich auch das Zusammenleben mit Menschen, mit denen den einzelnen Mitbe-
> wohner des Altersheims keinerlei positive Gefühlsbeziehung verbindet. [...] Viele
> Altersheime sind daher Einöden der Einsamkeit." (Elias 2002: 75)

Der mit dem Wegfall früherer Rollen sowie mit zunehmenden Altersgebrechen
einhergehende Verlust an sozialer Einflussnahme werde im institutionalisierten
‚Heim' nicht etwa kompensiert, sondern – ganz im Gegenteil – gefestigt und

---

[3] Ein funerales Pendant zu diesem Sachverhalt liefern eigene Beobachtungen der durchschnitt-
lichen Besucherzahlen bei Beerdigungen, insbesondere im großstädtischen Raum. Diese
sprechen eine deutliche Sprache: Die Abschiedsgeste am Grab, das gemeinsame Beisam-
mensein usw. scheinen tendenziell eher eine Angelegenheit von vergleichsweise wenigen
affektuell betroffenen Personen zu sein.

reproduziert. In diesem Zusammenhang kommt Elias auf den Aspekt der Infantilisierung zu sprechen. So gebe „es heute in vielen Altersheimen Menschen […], die wie ganz kleine Kinder gefüttert, aufs Töpfchen gebracht und gereinigt werden müssen. Auch ihren Machtkampf führen sie in der Weise ganz kleiner Kinder" (ebd.: 72). Ein eigener kurzzeitiger ethnografischer Aufenthalt in einem Seniorenstift führte im Übrigen zu ähnlichen Erfahrungen. Bewohner, die sich den Anweisungen (etwa hinsichtlich der festgelegten Sitzordnung im Speiseraum) widersetzen, wurden vom Personal getadelt und Konflikte mit anderen Bewohnern beschwichtigt. Beides geschah in einer Art und Weise, die überdeutlich an den Umgang mit kleinen Kindern erinnert und den Verdacht nährt, dass den Betroffenen ihr vormaliger Status als autonome erwachsene Personen mit zunehmender motorischer und kognitiver Gebrechlichkeit aberkannt wird.

Ein Aspekt, den Elias zwar nicht thematisiert, der sich in Anbetracht der beschriebenen Situation jedoch mehr oder weniger aufdrängt, ist der überproportional häufig vorkommende *Alterssuizid* (Richards 2016; Schmidtke/Sell/Löhr 2008). Ob nun als „Sterben von eigener Hand" (Bähr/Medick 2005) oder im Sinne von medizinischer Suizidassistenz (Schmickler 2021) interpretiert, entsprechende Entschlüsse und Handlungsweisen lassen sich gewissermaßen als ‚Notausgänge‘ betrachten, um der wenig Anlass zur Hoffnung gebenden Situation des langen, leidvollen, autonomiearmen und häufig eben auch einsamen Sterbeprozesses ein für alle Mal zu entkommen.

Ist Sterben noch immer ein „weißer Fleck auf der sozialen Landkarte" (Elias 2002: 34) oder gibt es mittlerweile Tendenzen zur *Zweisamkeit* oder gar zu einer *Geselligkeit* der Sterbenden in unseren Tagen?[4] Abgesehen davon, dass die Einsamkeitsthese innerhalb der thanatosoziologischen Community keineswegs unkritisiert geblieben ist (siehe z. B. Feldmann 2010b: 571), fällt auf, dass Elias die Ende der 1960er Jahre in Großbritannien einsetzende Hospizbewegung (Heller et al. 2012; Student 1989) unerwähnt lässt. Das überrascht schon angesichts der Tatsache, dass er immerhin „40 Jahre, die nur von meiner Zeit in Ghana unterbrochen wurden" in England lebte und dass „die englische Tradition und Zivilisation tiefe Spuren in meinem Denken hinterlassen hat" (Elias 1990: 81). Auch deshalb liegt es nahe, Elias' Ausführungen über das einsame Sterben unter Berücksichtigung der Hospizbewegung zu lesen, wie sie sich von ihren Anfängen bis zum heutigen Tag vollzogen hat.

---

[4] Allzu abwegig ist die Idee der kollektiven Betroffenheit nicht: Eine Analyse mit Bezug auf Elias und die Situation von Krebspatienten, die nicht nur sie selbst, sondern auch deren Angehörige vor große emotionale Herausforderungen und kommunikative Unsicherheiten stellt, liefert Teucher 2001.

Bei Hospizen handelt es sich um Einrichtungen zur Unterbringung und (medizinischen und psychosozialen) Begleitung terminal erkrankter Menschen bis zu ihrem Tod (Dreßke 2005; Pfeffer 1998). Während sich „die Alten- und Pflegeheime sowie die Krankhäuser [...] bisher eher als Verwahranstalten denn als gute Sterbeorte präsentiert haben" (Brandes 2011: 111), ist das Hospiz seinem Selbstverständnis nach jener Ort, „an dem gestorben werden darf, ohne dass der Sterbende andere Verpflichtungen der Organisation verletzt" (Dreßke 2005: 90). Derzeit gibt es in Deutschland 240 Hospize; das erste davon wurde 1986 in Aachen eröffnet. Doch nicht nur außer-, sondern auch innerhalb der Krankenhäuser hat die Hospizbewegung ihre Spuren hinterlassen. „Mit der Einrichtung von Palliativstationen [...] wird der Betreuung Sterbender in der Institution Krankenhaus ein Ort zugewiesen; sie wird zum Gegenstand professioneller Bearbeitung." (Mayr/Barth 2021: 177) Palliativstationen unterscheiden sich von anderen Krankenhausabteilungen durch eine weniger kurativ orientierte Fokussierung – was sich auch in räumlich-materieller bzw. atmosphärischer Hinsicht niederschlägt – sowie durch eine spezialisierte Qualifikation des Personals, welches als multidisziplinär und arbeitsteilig organisiertes Team (bestehend u. a. aus Ärzten, Pflegekräften, Sozialarbeitern und Seelsorgern) in Erscheinung tritt. Wie auch im Hospiz steht hier nicht die (aussichtslose) Behandlung unabwendbar tödlich endender Erkrankungen im Vordergrund, sondern die Linderung der damit einhergehenden Symptome. Palliativstationen lassen sich demnach als das Bemühen verstehen, die Hospizidee im Krankenhaus zu implementieren.

Die erste Palliativstation in einem deutschen Krankenhaus wurde 1983 im Universitätsklinikum Köln eröffnet – also kurz nachdem Elias' Buch erschienen ist. Im Unterschied zum Hospiz besteht die eigentliche Aufgabe der Palliativstation nicht darin, ‚finaler Raum' zu sein. Vielmehr geht es um die „schmerztherapeutische und psychosoziale Stabilisierung nicht mehr kurativ therapierbarer Patienten, damit sie nach Hause oder in andere Versorgungseinrichtungen entlassen werden können. Allerdings verstirbt im Schnitt die Hälfte der stationär aufgenommenen Patienten auf der Station" (ebd.: 177 f.; zum Vergleich zwischen stationärem Hospiz und Palliativstation hinsichtlich des Organisationsalltags siehe ferner Behzadi 2020; Pfeffer 2005).

Unter dem Leitbild des ‚guten Sterbens' versuchen hospizlich-palliative Konzepte der stationären wie ambulanten[5] Sterbebegleitung auf die von Elias be-

---

[5] Mit der *Spezialisierten Ambulanten Palliativversorgung* (SAPV) – seit 2007 Teil der gesetzlichen Krankenversicherung – sowie dem Einsatz ambulanter Hospizdienste verliert das Sterben zwar nicht seine institutionelle Rahmung, jedoch soll hierdurch zumindest ein Lebensende in vertrauter Atmosphäre und im gemeinsamen Beisein der Familie ermöglicht werden (Bardenheuer 2012; Hayek 2006).

klagten Verhältnisse in den Kliniken zu reagieren (Fleckinger 2018). Sterben wird nicht als Niederlage und „Organisationsschlamassel" (Göckenjan/Dreßke 2002: 81) begriffen, sondern „als aktiv zu gestaltende Vollendung des eigenen Lebens" (Stadelbacher 2017: 57). Statt den Tod unter Aufbringung eines medizinisch-technischen Instrumentariums um jeden Preis zu verhindern, werden die verschiedenen Dimensionen des Sterbens (physisch, psychisch, sozial usw.) bewusst ins Zentrum der Aufmerksamkeit gerückt: „Als Gegenentwurf des ‚form- und raumlosen', anonymen und ent-individualisierten Sterben-Machens entstand eine neue Leitvorstellung des ‚guten Sterbens', die das würdevolle, weil möglichst schmerzfreie und vor allem selbstbestimmte Sterben propagierte." (Stadelbacher/Schneider 2016: 65) Dazu gehört auch, dass die Angehörigen bei der Versorgung der Sterbenden einerseits entlastet werden, andererseits aber zu jeder gewünschten Zeit Kontakt zu ihnen erhalten können.

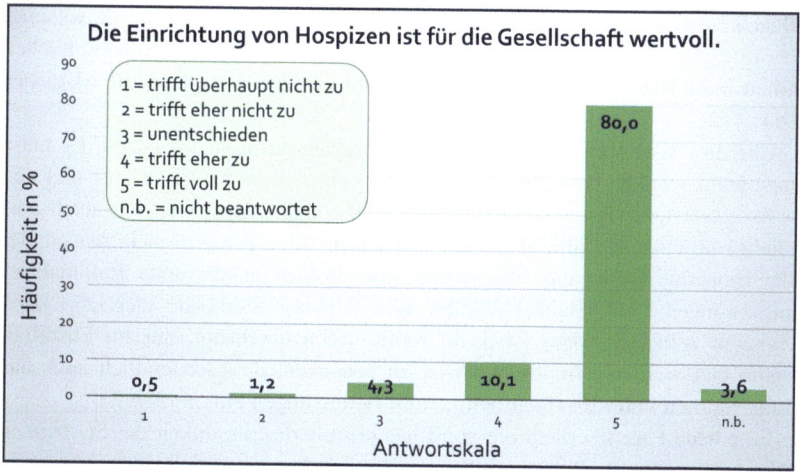

Auszug aus einer Online-Befragung mit über 900 Teilnehmenden (Universität Passau, Benkel/Meitzler). Angesichts der zeitgenössischen Pluralität und Ambivalenz, die den Diskurs um Sterben, Tod und Trauer bestimmen, fällt das Resultat hier ungewohnt deutlich aus.

Nach anfänglichen Vorbehalten gegenüber Hospizen und Palliativstationen (Sterbende würden dort ‚aufgegeben' und gettoisiert werden; vgl. Godzik 2011: 31) genießen sie heutzutage hohe gesellschaftlichen Akzeptanz und haben sich hinsichtlich ihrer Verbreitung in den letzten drei Jahrzehnten kontinuierlich vermehrt (zur aktuellen Situation von Hospizarbeit und Palliative Care in Deutschland siehe Müller/Wistuba 2014). Gleichwohl wird gegenwärtig noch immer

nur ein Bruchteil der Sterbenden in hospizlichen und palliativen Einrichtungen betreut, was nicht zuletzt einer begrenzten Aufnahmekapazität und diverser
bürokratischer und finanzieller Hürden bei der Erweiterung des Angebotes geschuldet ist.

Allen Fortschritten der jüngeren Vergangenheit zum Trotz ist die Hospizbewegung, so ein Befund vor zehn Jahren, zumindest „rein quantitativ […] nicht
mächtig genug, um die Situation grundlegend zu verändern" (Hoffmann 2011:
13 f.) und den konventionellen ‚Sterbeinstitutionen' Klinik und Pflegeheim ernst-
hafte Konkurrenz zu machen. Für das Jahr 2011 wurde der Anteil der in Hospiz-
oder Palliativeinrichtungen verstorbenen Menschen in Deutschland auf „insgesamt weniger als 6 % aller Todesfälle" geschätzt (Dasch et al. 2015: 503). Das
Jahrzehnt, das seitdem verstrichen ist, hat diese Lage wohl nicht wesentlich verändert. Ohnehin dürfte eine bloße Aufstockung der stationären Einrichtungen
nicht dem Hauptinteresse der Hospizbewegung gerecht werden, „da sie primär die
Pflege in der vertrauten heimischen Sphäre durch Angehörige favorisiert, während
die professionelle stationäre Betreuung, selbst im wertschätzend-mitmenschlichen
Milieu ihrer Häuser, höchstens als zweitbeste Lösung begriffen wird" (Brandes
2011: 112).

Überdies lässt sich die Hospizrealität durchaus kritisch betrachten. Es muss
eingeräumt werden, dass sie gegenüber dem eigenen Selbstverständnis und den
(selbst gesetzten wie zugeschriebenen) Idealen häufig (und vielleicht auch notwendig) profaner ausfällt, als es auf den ersten Blick den Anschein macht. Bei
aller Empathie bleibt auch das Hospiz eine Institution, die unter Rationalisie-
rungszwängen steht (Benkel 2020b). Wie sehr der Sterbende hier tatsächlich
Regisseur seines Sterbens ist, kann somit, wenn überhaupt, nur im Einzelfall
begutachtet werden. Grundsätzlich ist zu bedenken, dass letztendlich auch das
‚gute' Sterben unter maximal optimierten Bedingungen ein *Sterben* ist.

Eine neue Facette erhielt die von Elias postulierte Einsamkeit der Sterbenden
während der Corona-Pandemie. Kontaktbeschränkungen und Besuchsverbote in
Hospiz-, Palliativ- und Pflegeeinrichtungen aufgrund von Covid-19 forcierten, so
gesehen, eine weitere (in diesem Fall: unfreiwillige) Distanzierung von Lebenden und Sterbenden. Mitarbeiter entsprechender Einrichtungen bewegten sich auf
einem schmalen Grat, der darin bestand, einerseits den Wünschen der Sterbenden
sowie deren Angehörigen bestmöglich gerecht zu werden und andererseits Sorge
dafür zu tragen, dass sich das Virus nicht ausbreitet. Es galt also paradoxerweise,
an Stätten des Sterbens zu gewährleisten, dass sich eine abstrakte Todesgefahr
nicht zu einem konkreten Problem verdichtet. So vergleichsweise unproblematisch ein Abschied am Sterbe- bzw. Totenbett in ‚Vor-Corona-Zeiten' gewesen ist,
so voraussetzungsvoll gestaltete er sich ab März 2020. Dass vereinzelt Besuche

wenigstens von engen Angehörigen unter bestimmten Voraussetzungen zugelassen waren (Truscheit 2020) und die genaueren Bestimmungen je nach Bundesland und Inzidenzzahl variierten, ändert nichts an der Gesamttendenz, wonach vieles, was das hospizliche Ideal auszeichnet, eine starke Beeinträchtigung erfuhr. Gleichwohl hebelte Corona keinesfalls sämtliche Errungenschaften der Hospizbewegung aus, schließlich unterlag die *neue Einsamkeit* der Sterbenden gänzlich anderen institutionellen Bedingungen als jene, die Elias seinerzeit vor Augen hatte.

Wie bereits weiter oben angedeutet, fand die pandemiebedingte ‚verordnete Einsamkeit‘ in Krankenhaus, Pflegeheim und Hospiz ihre postmortale Fortsetzung in der ‚einsamen Beerdigung‘. Obschon es sich hierbei um eine bewusst überspitzte Formulierung handelt und Beisetzungen auch unter Pandemiebedingungen nicht zwangsläufig ohne Gäste erfolgten, blieb die Abschiednahme am Grab nicht frei von Einschränkungen. Trauerfeiern wurden auf eine bestimmte Personenzahl limitiert, in den Trauerhallen durften meist nur Mitglieder eines Haushaltes auf einer Sitzbank Platz nehmen, gemeinsame Gesänge und lautes Beten waren untersagt und Gäste dazu angehalten, auf Umarmungen zu verzichten, einen Mindestabstand (von in der Regel 1,50 m) einzuhalten sowie eine Mund-Nasen-Bedeckung zu tragen. Vergegenwärtigt man sich die sinnstiftende und ordnungserhaltende bzw. -wiederherstellende Funktion solcher *rites de passage* (Gennep 2005), so lässt sich die Tragik, zu der entsprechende Auflagen bzw. Restriktionen führen können, leicht nachvollziehen.

Die Corona-Krise bedeutet, so viel steht schon jetzt fest, eine große Zäsur mit langanhaltenden Effekten für das globale gesellschaftliche Leben. Nichtsdestotrotz muss das Gesagte als Momentaufnahme kontextualisiert werden. Wie kurzfristig Entwicklungen sind, wie schnell eine Neuigkeit an Aktualität verlieren und wie rasch sich die Lage binnen weniger Tage ändern kann, hat die jüngste Vergangenheit gezeigt. Die steigende Impfquote, die sinkenden Zahlen an Neuinfektionen und die Lockerungen der mehrere Monate anhaltenden Beschränkungen gaben zum Zeitpunkt der Fertigstellung dieser Arbeit Anlass zur Hoffnung auf die baldige Überwindung der Pandemie. Auch die Situation in den Hospizen bzw. Pflegeheimen und bei den Trauerfeiern bzw. Beisetzungen hat sich bis auf Weiteres entspannt.

Welchen weiteren Einfluss die Erfahrungen um Covid-19 auf das institutionell gerahmte Sterben sowie auf das Trauererleben und -verhalten Hinterbliebener langfristig haben werden und ob Sterben und Tod als Diskursthemen hierdurch vielleicht sogar noch weiter aus ihrer gesellschaftlichen Marginalität heraustreten (Jacobsen 2020; Jacobsen/Petersen 2020), lässt sich gegenwärtig noch nicht genau absehen. Es ist in gewisser Hinsicht der temporär gestiegenen ‚Tödlichkeit‘

des Alltagslebens zu verdanken, dass Sterben, Tod und Trauer künftig möglicherweise anders verhandelt und gedacht werden. Allerdings sollte genau dies
nicht überraschen: Der Umgang der Gesellschaft mit dem Lebensende unterliegt
immerzu Wandlungsprozessen, die mal auf langfristige und bisweilen auch auf
relativ kurzfristige Einflussfaktoren reagieren.

Von Corona konnte Elias zwar nichts ahnen, doch schwingt beim Lesen des
folgenden Passus angesichts der momentanen Lage eine gewisse Ironie mit:

> „Es wäre nicht uninteressant, das soziale Niveau der Angst vor dem Sterben in
> unseren Tagen im Hinblick auf Umweltverschmutzung und Atomwaffen mit dem
> entsprechenden Niveau der Angst auf früheren Zivilisationsstufen bei geringerer Pazi-
> fizierung der Staaten und *geringerer Kontrolle epidemischer und anderer Krankheiten*
> zu vergleichen." (Elias 2002: 21; Herv. M.M.)

Das Beispiel tödlicher Virenerkrankungen und deren Kontrollierbarkeit dient
Elias dazu, die moderne mit früheren Gesellschaften zu kontrastieren (siehe
auch Goudsblom 1982). Umso bemerkenswerter, weil mahnend und geradezu
prophetisch klingen folgende Worte:

> „So wurden sich Menschen etwa der Virenkrankheiten als eines Eigenproblems erst
> bewußt, nachdem es ihnen gelungen war, das Problem der großen bakteriellen Infek-
> tionskrankheiten zu klären und so ein relativ hohes Maß an Kontrolle über sie zu
> gewinnen. Der Gewinn war nicht vergeblich, weil er einen Fortschritt, aber er war auch
> nicht absolut, weil er nicht das Ende des Kampfes mit infektiösen Krankheitserregern
> bedeutete." (Ebd.: 23)

Dass frühere Epidemien stets unter Kontrolle gebracht werden konnten (Reichert 1997), betrachtet Elias (2002: 77) als Beleg dafür, „daß das Wachstum
des sachgerechten Wissens einen Anteil an der Veränderung des Empfindens und
Verhaltens der Menschen hat". Covid-19 zeigt indes, dass der Wissens- und Kontrollgewinn nicht zur Ausrottung sämtlicher Bedrohungen geführt hat, sondern
dass im Gegenteil „das Wachstum des wirklichkeitsgerechten und daher sicher-
heitsgebenden sozialen Wissens" (ebd.: 78) immer auch mit neuen Unsicherheiten
und Nicht-Wissen einhergeht.

Ungeachtet dieses spezifischen Diskurses, der bis dato von einer äußerst kurz-
fristigen und kontingenten Entwicklung geprägt ist, lässt sich für die Zukunft
jedenfalls mit einiger Sicherheit Folgendes sagen: Der demografische Wandel
schreitet voran, Sterben und Tod werden weiter voneinander entkoppelt, Sterbeverläufe werden länger, komplexer und heterogener – und schaffen damit immer

wieder neue Herausforderungen und Optionen. Was das für die konkrete Situation der künftig Sterbenden bedeutet, wird sich zeigen. Im Hinblick auf die Pluralisierung von „Sterbewelten" (Schnell/Schneider/Kolbe 2014) fällt es zumindest immer schwerer, von *der* Einsamkeit *der* Sterbenden zu sprechen. Es ist ohnehin nicht leicht zu beantworten, was es denn genau bedeutet, einsam zu sterben: Stirbt man ‚im Kreise seiner Liebsten' weniger einsam als in einem Hospiz, in einem Pflegeheim oder in einem Krankenhaus? Kommt es neben dem Sterbeort nicht auch (und vor allem) auf die Macht-, Herrschafts- und Gewaltverhältnisse an, unter denen man stirbt – bzw. darauf, ob man solche Aspekte (die Soziologen ins Auge springen mögen) überhaupt registriert? Ist Sterben nicht per se ein Vorgang, der eine Distanz schafft zwischen einem selbst und den anderen, weil es nicht intersubjektiv nachvollziehbar ist? Stirbt so gesehen nicht jeder für sich allein – ganz unabhängig von der Anzahl der Menschen, die einen (bald mehr, bald weniger emphatisch zugewandt) währenddessen umgeben? Und läuft das einsame Sterben der Vorstellung vom guten Sterben zwangsläufig zuwider? „[M]anchen Sterbenden ist es nur recht, allein zu bleiben. Vielleicht können sie träumen und wollen nicht gestört sein", räumt Elias (2002: 84) ein und bemerkt in diesem Zusammenhang, dass „zuviel Sympathiebezeugung […] ebenso unerträglich" sein mag „wie zu wenig. Es wäre unrichtig, von der spezifischen zivilisatorischen Scheu und Zurückhaltung der Überlebenden gegenüber den Sterbenden […] zu sprechen, ohne zugleich auch an die mögliche Scheu und Zurückhaltung der Sterbenden gegenüber den Überlebenden zu erinnern" (ebd.: 61).

Nicht alles, was unter das normative Konzept vom guten Sterben fällt, muss den tatsächlichen Wünschen des jeweiligen Sterbenden entsprechen. Ein Beispiel hierfür ist der oben angeführte Bewusstheitsgrad der *open awareness,* der es ermöglicht, dass das Sterben sowohl vonseiten des Patienten als auch des Klinikpersonals unumwunden ausgesprochen werden kann. Sterben wird gemäß der palliativmedizinischen Praxis dann zum guten Sterben, wenn der nicht mehr heilbare Patient die Illusion auf sein Überleben aufgibt und die Krankenrolle ablegt, um die Sterberolle bewusst annehmen zu können. Etwas defensiver drückt es Elias (2002: 68) aus: „Vielleicht sollte man doch offener und klarer über den Tod sprechen, sei es auch dadurch, daß man aufhört, ihn als Geheimnis hinzustellen." Geschah dies, wie sich in der Studie von Glaser und Strauss (1974) herausgestellt hat, in den 1960er Jahren noch recht selten, konnten spätere Untersuchungen einen allmählichen Wandel nachweisen (Seale 1991; Timmermans 1994), wenngleich *open awareness* damit längst „nicht zum Normalfall" (Saake/Nassehi/Mayr 2019: 32) geworden ist. In ihrer auf empirischen Forschungen zur multiprofessionellen Versorgung auf Palliativstationen beruhenden „Kritik des Paradigmas vom ‚bewussten' Sterben" zeigen Irmhild Saake, Armin Nassehi und Katharina Mayr, „wie schwierig sich der Umgang mit Patienten darstellt, mit denen man zwar offen über das Sterben reden möchte, die aber selbst wiederum nicht bereit sind, sich auf die Etikettierung als Sterbende einzulassen und am eigenen Sterben mitzuwirken" (ebd.: 29). Mithilfe „eine[r] weniger normativ festgelegte[n] Perspektive" ließe sich erkennen, dass Betroffene die Sterberolle nicht unbedingt annehmen und sich mit dem eigenen Sterben auch nicht bewusst auseinandersetzen müssen, um „einen guten Tod [zu] finden" (ebd.: 34). Schenkt man den Schlussfolgerungen der Autoren Glauben, dann ist *open awareness* kein notwendiges Kriterium für gutes Sterben, und es liegt nicht zwingend ein „Versagen des klinischen Personals" (ebd.: 30) vor, wenn Patienten ihr Sterben leugnen. Anstatt ihnen die Sterberolle zu- oder abzusprechen, sei es wichtiger, ein Gespür für individuelle Bedürfnisse zu entwickeln – wie bereits Elias (2002: 84) wusste: „Man muß vorfühlen, was sie brauchen."

Zu berücksichtigen ist, dass Sterbeverläufe unter Bedingungen der institutionellen Begleitung und Einrahmung freilich nur eine von mehreren möglichen Konstellationen des Lebensendes darstellen. Nicht immer ist Sterben ein über Tage, Wochen und Monate beobachtbarer Prozess, und nicht immer besteht ausreichend Zeit, sich selbst oder jemand anderen als Sterbenden wahrzunehmen. Bei Unfällen, Tötungsakten oder Suiziden können es nur wenige Momente sein, die das Leben vom Nicht-Leben trennen (vgl. Benkel 2020b: 293).

Indes lässt sich Elias' Ausführungen entnehmen, dass Sterben nicht lediglich ein bio-physiologisches, sondern auch und vor allem ein soziales Geschehen darstellt. Menschen mögen mal weniger und mal mehr in Einsamkeit sterben, doch sind an diesem Sterben meistens nicht nur sie selbst, sondern noch andere Akteure kommunikativ beteiligt. Auch wenn Elias gewiss nicht der erste war, der zu dieser Erkenntnis kam, trug er maßgeblich dazu bei, dass sie sich im thanatosoziologischen Diskurs verfestigte und dass weitere Arbeiten (siehe z. B. Schneider 2014; Streckeisen 1994; dies. 2001) darauf aufbauen konnten. Der Frage, wo er denn selber eines Tages sterben möchte, entgegnete Elias im Übrigen mit Schulterzucken: „Nein, am Ort liegt mir nichts, nur einen schmerzlosen Tod hätte ich gern. Wenn ich hinfällig werde und für niemanden mehr von Nutzen bin, möchte ich verschwinden. Aber wo das geschieht, ist mir gleichgültig." (Elias 1990: 101)

Zwangsautoethnografie

Wie schon angeklungen ist, steht die Arbeit von Elias zur *Einsamkeit der Sterbenden* in einer Argumentationslinie der Todesverdrängung, die in thanato(sozio)logischen Kreisen noch bis zur Jahrtausendwende großen Anklang fand (siehe z. B. Nassehi/Weber 1989). Solche Entwicklungen wie die im vorherigen Kapitel behandelte Hospizbewegung erschweren es jedoch in zunehmendem Maße, der Verdrängungsthese mit aller Entschlossenheit zuzustimmen. Die Institutionalisierung des Sterbens ist jedenfalls nicht pauschal mit der gesellschaftlichen Exklusion des Lebensendes gleichzusetzen; vielmehr legt sie nahe, dass jene Gesellschaften, die diesen Prozess durchleben und vorantreiben, verstärkt an einer (rationalen) Auseinandersetzung damit interessiert sind.[1]

> „Der Umgang mit Sterbenden wird in einer öffentlichen Institution einer größeren Anzahl von Menschen sichtbar. Zugleich entstehen mit Hospizen oder den Palliativpflegestationen neue Formen der Institutionalisierung des Sterbens, die sich zudem für eine Bewusstwerdung des Sterbens in der Gesellschaft einsetzen." (Thönnes 2013: 19)

Die Relativierungsbedürftigkeit der Verdrängungsthese ergibt sich darüber hinaus aus der Omnipräsenz von Sterben und Tod in Kunst und Massenmedien (z. B.

---

[1] Zu den frühesten Kritikern der Verdrängungsthese gehört Werner Fuchs[-Heinritz], der mit seiner 1969 erschienenen Dissertation nichts Geringeres beabsichtigt, als „die These von der Todesverdrängung zurückzuweisen". Letztere sei zum einen „relativ unausgeführt und in ihren Inhalten pauschal. Dies allein macht sie ganz und gar ungeeignet für die Soziologie. Zum anderen ist sie durchsetzt mit ideologischen Momenten und Handlungsanweisungen. Sie ist nicht nur Diagnose, sondern zugleich Klage über den vorgefundenen Zustand der Orientierungen über den Tod und ein Versuch, diese Orientierungen zu ändern, die Individuen wieder zur vollen Anerkennung ihrer Sterblichkeit zu bringen" (Fuchs 1969: 7). Gerade letztgenannten Punkt könnte man Elias in einer kritischen Betrachtung unterstellen.

© Der/die Autor(en), exklusiv lizenziert durch Springer Fachmedien
Wiesbaden GmbH, ein Teil von Springer Nature 2021
M. Meitzler, *Norbert Elias und der Tod*,
https://doi.org/10.1007/978-3-658-34654-6_9

im Fernsehen oder Internet), dem infrastrukturellen Ausbau von Trauerbegleitung sowie einer generellen Zunahme von ‚Trauerlegitimitäten‘, etwa Trauer um
‚Stillgeborene‘ (Böcker 2022; Preuß 2018) oder um Heimtiere (Meitzler 2019a),
aber auch aus den öffentlichen Debatten über kontroverse Themen wie assistier-
ter Suizid (Wittwer 2020), Hirntod (Schlich/Wiesemann 2001) und Organspende
(Motakef 2011). Trotz solcher und anderer gesellschaftlicher Erscheinungen,
die schon vor einiger Zeit im Lichte eines „Revival of Death" (Walter 1994)
soziologisch näher betrachtet wurden, soll die Behauptung von der Verdrängung
des Todes angesichts der Komplexität des Sachverhalts nicht pauschal zurück-
gewiesen werden. Vielmehr braucht es einen differenzierteren Blick, der nicht
zuletzt die Frage beinhaltet, von *wessen* Sterben und Tod jeweils die Rede ist.
Schließlich kann das eigene Sterben als etwas radikal anderes verstanden werden
als der Tod eines nahen Angehörigen, dessen Einordnung erheblich gegenüber
der des Lebensendes eines gänzlich Fremden differiert. All dies unterscheidet sich wiederum vom Sterben und Tod als Gesprächsgegenstand, etwa im
Rahmen von Alltagsplaudereien, von medialen Unterhaltungsofferten oder von
sozialwissenschaftlicher Forschung.

Die sozialen Transformationen in den vier Jahrzehnten, die seit Elias' Buch
vergangen sind, haben die Diskurse rund um das Lebensende weiter ausdifferenziert. Manches davon, etwa die Hospizbewegung, hätte Elias zumindest in ihren
anfänglichen Impulsen kennen können (und vielleicht sogar berücksichtigen müssen, um ein vollständiges Bild abzuliefern). Unbeachtet bleiben auch die schon
damals virulenten Multikulturalisierungsprozesse im Kontext verstärkter Zuwan-
derung seit der Nachkriegszeit. Sie haben zu einer größeren weltanschaulichen
Pluralität geführt und in der Folge den Bestattungsmarkt, das ‚Ritualdesign‘ von
Beisetzungen sowie die Gestaltung von Friedhöfen (muslimische Grabfelder usw.)
beeinflusst (Höpp/Jonker 1996; Klapetek 2017; Tan 1998). Obschon er Säkulari-
sierungstendenzen nicht verschweigt (vgl. Elias 2002: 14), geht Elias primär von
christlich geprägten Todes- und Trauerbildern aus. Diese sind zwar längst nicht
obsolet geworden, sie stellen heute aber letztlich nur eine unter mehreren Sinn-
und Transzendenzquellen dar (Knoblauch 2009). Auch aus meinem eigenen Interviewmaterial wird ersichtlich, dass die Zurückweisung institutionell-religiöser
Angebote nicht zwangsläufig eine Abkehr von Transzendenz im weiteren Sinne
impliziert. Diese zugegebenermaßen nicht neue Erkenntnis (siehe schon Luckmann 1991) ist in ihren Grundzügen auch bei Elias (2002: 15) zu finden: „Es
versteht sich, daß bei steigender gesellschaftlicher Unsicherheit, bei wachsendem
Unvermögen des Einzelnen, sein eigenes Schicksal langfristig zu überschauen
und – in Maßen – zu steuern, diese Bedürfnisse [nach metaphysischem Schutz;
M.M.] sich ebenfalls wieder steigern."

Anderes wurde erst viel später sichtbar, etwa die gesellschaftliche Auseinandersetzung mit den tödlichen Folgen der Immunschwächekrankheit AIDS, der Klimawandel und damit verbundene *manufactured uncertainties* (Beck 1986) oder die jüngsten Fortschritte der (Intensiv-)Medizin, die nicht nur zu weiteren Aufweichungen der Grenze zwischen Leben und Tod führen (Benkel/Meitzler 2018), sondern nach wie vor Fragen der (Körper-)Autonomie und Selbstbestimmung im Sterbekontext provozieren (Meitzler 2021b). Selbstverständlich kann Elias nicht der Vorwurf treffen, den zu dieser Zeit unabsehbaren Einfluss des Internets und weiterer technologischer Innovationen auf die Sterbe- und Trauerkultur (Benkel 2018c; Offerhaus 2016; Seibel 2018) vernachlässigt zu haben. Die daraus resultierenden kommunikativen und psychologischen Effekte sind aber sicherlich nicht, wie das Internet selbst, quasi-evolutionär entstanden, sondern können als Konsequenzen des technischen Wandels begriffen werden.

Zu seinen Einsichten gelangte Elias nicht durch methodisch kontrollierte Forschung im Sinne systematischer Erhebungen und Auswertungen empirisch belastbarer qualitativer bzw. quantitativer Daten (vgl. Sommer 2010: 161). Angesichts seiner biografisch-lebensweltlichen Situation, in der er seinen Text verfasste, dürfte eine damit korrespondierende methodologische Strenge wohl auch nicht das entscheidende Kriterium gewesen sein. Zum Erscheinungszeitpunkt des Buchs befand sich sein Autor im fortgeschrittenen Alter von 85 Jahren[2] und war damit allein schon in statistisch-demografischer Hinsicht in unfreiwilliger ,Todesnähe' (im Sinne von Benkel 2017b: 277). Insofern könnte man den Band beinahe als persönliches Weltabschiedswerk sehen. Will man den empirischen Gehalt seiner Arbeit gleichwohl würdigen, so ließe sich Elias' Zugang noch am ehesten als ,Zwangsautoethnografie' bezeichnen. Offensichtlich äußert sich hier

---

[2] In dem Abschnitt „Altern und Sterben" wartet Elias mit mancher Anekdote auf, die seine eigenen Erfahrungen mit dem Altsein und seine Interaktionen mit jüngeren Menschen betrifft: „Man fühlt sich wie ein Seiltänzer, der mit dem Risiko seines Lebenswandels recht vertraut ist und ziemlich sicher ist, daß er die Leiter am anderen Ende des Seils erreichen und ruhig in seinem Tempo wieder auf den Boden gelangen wird. Die Menschen aber, die ihm unten zusehen, wissen, daß er jederzeit von dort oben herunterfallen könnte, und beobachten ihn gespannt und ein wenig ängstlich." (Elias 2002: 70 f.) An diese Worte schließt er mit folgender Episode an: „Ich war als Gastprofessor an einer deutschen Universität und wurde dort von einem Kollegen im besten Mannesalter zum Abendbrot eingeladen. Vor dem Abendbrot gab es noch einen Aperitif und er wies mir eines dieser sehr niedrigen, mit Leinwand bespannten modernen Objekte als Sitzgelegenheit zu. Seine Frau rief zum Abendbrot. Ich stand auf; und er sah mich etwas erstaunt und vielleicht auch etwas enttäuscht an: ,Na, Sie haben sich ja noch ganz gut gehalten', sagte er. ,Neulich hatten wir den alten Plessner hier zum Abendbrot eingeladen. Der saß auch in diesem niedrigen Stuhl, aber er konnte gar nicht wieder daraus heraus, so sehr er sich auch mühte. Sie hätten ihn sehen sollen. Wir mußten ihm schließlich helfen.'" (Ebd.: 71)

einer über den Tod, der ihn erwartet; es handelt sich nicht um einen leger dahin-
geschriebenen Essay aus der Mitte des Lebens, sondern eher um einen Befund,
der reflexiv mit der eigenen Zukunftsverknappung des Verfassers umgeht. Dass
der antizipierte Tod nach Erscheinen des Bandes doch noch acht Jahre auf sich
warten ließ, in denen Elias noch weitere Beiträge sowie sein Buch *Studien über
die Deutschen* (Elias 1989) publizierte, bis er schließlich im Alter von 93 Jahren
verstarb, wirkt somit wie eine ironische Fußnote zu seinem Oeuvre.

Auch wenn sich viele gesellschaftliche Auswirkungen im Bereich des Sterbens, des Todes, der Trauer und der Bestattung erst Jahre später spürbar ma-
nifestieren sollten, darf es als Verdienst von Elias gelten, erste Ansätze dieser
Entwicklungen nicht nur identifiziert, sondern sie zugleich in einen soziohisto-
rischen Kontext eingeordnet zu haben. Gerahmt von seiner Zivilisationstheorie
veranschaulicht er am Beispiel der zeitgenössischen Umgangsweisen mit dem
Lebensende die enge Verflochtenheit von Individual- und Gesellschaftsebene.
Weil sich die Figurationen der Menschen untereinander gewandelt haben, sind
neue Bedingungen und Orte des Sterbens entstanden.

Mit deren Beschreibung liefert Elias nicht nur eine Zeitdiagnose, sondern
auch eine Sozialkritik, die sensibilisieren möchte für die im Zuge der modernen
gesellschaftlichen Lebensführung entstandene Problemlage der Sterbenden. Diese
zeichne sich vor allem durch einen eklatanten Mangel an sozialer Akzeptanz
des Sterbens und „eine[] zumeist stillschweigende[], aber deutlich wahrnehmbare[] Abneigung der Lebenden gegenüber den Sterbenden" aus (Elias 2002:
88). „Daß, ohne besondere Absicht, die frühzeitige Vereinsamung der Sterbenden
gerade in den entwickelten Gesellschaften besonders häufig vorkommt, ist eine
der Schwächen dieser Gesellschaften. Sie zeugt von einer noch allzu begrenzten Identifizierung der Menschen miteinander." (Ebd.: 10) Ferner werde hieran
sichtbar, „daß wir die Probleme Sterbender in den entwickelteren Gesellschaften noch nicht bewältigt haben" (ebd.: 89). Ein erster Schritt bestehe darin, für
diesen Sachverhalt überhaupt ein Bewusstsein zu schaffen. Elias, der 1918 auf
väterlichen Wunsch zunächst ein Medizinstudium begann (vgl. Elias 1990: 40),[3]

---

[3] In der Rückschau betont er, dass das Studium der Medizin, welches er parallel zu dem der
Philosophie absolvierte, „sehr großen Einfluß" auf sein Denken hatte: „Soziologen, die keine
Medizin studiert haben, reden oft über Gesellschaft, ohne sie mit den biologischen Aspekten
der Menschen zu verknüpfen. [...] Meiner Ansicht nach kann man aber keine Theorie [...]
des menschlichen Handelns aufstellen, ohne zu wissen, wie der Organismus gebaut ist und
arbeitet. [...] Ich selbst habe gelegentlich in meine Soziologievorlesungen ein Gehirnmodell
mitgebracht, um den Studenten zu zeigen, wie die Menschen gebaut sind – weil sie nur dann
verstehen können, wie Gesellschaften funktionieren. Damit reduziere ich die Soziologie nicht
auf Biologie." (Elias 1990: 41 ff.)

richtet sich damit insbesondere an die ärztliche Profession, die trotz beachtlicher Behandlungsmöglichkeiten fast immer nur das organische Funktionieren des Menschen im Blick habe, nicht aber dessen figurativen Bezüge.

> „Gegenwärtig wird medizinisches Wissen zumeist allein mit biologischem Wissen gleichgesetzt. Aber man könnte sich denken, daß in der Zukunft das Wissen von der Person der Menschen, von ihren Beziehungen zueinander und ihren Bindungen aneinander und somit auch der Zwänge, die sie aufeinander ausüben, ebenfalls zum Wissensbestand der Ärzte gehören wird." (Elias 2002: 83)

Abgesehen von ihrer wissenssoziologischen Tragweite lesen sich Elias' Äußerungen geradezu als Plädoyer für eine kritische Medizinsoziologie, wie insbesondere im folgenden Zitat evident wird:

> „Die Probleme, die ich hier aufgeworfen habe, sind, wie man sieht, Probleme der Medizinsoziologie. Die medizinischen Maßnahmen der Gegenwart beziehen sich vorwiegend auf Einzelheiten des physiologischen Funktionierens eines Menschen – auf das Herz, die Blase, die Arterien und dergleichen [...]. Aber sich darum zu bemühen, schlechter und schlechter funktionierende einzelne Organe oder Organbereiche medizinisch zu korrigieren, lohnt sich eigentlich nur um der Person willen, in der alle diese Teilprozesse integriert sind. Und wenn man über den Problemen der einzelnen Teilprozesse die Probleme der integrierenden Person vergißt, dann entwertet man im Grunde auch das, was man für diese Teilprozesse tut. [...] Noch ist es vielleicht nicht ganz unnötig zu sagen, daß die Fürsorge für die Menschen zuweilen etwas hinter der Fürsorge für die einzelnen Organe zurückbleibt." (Ebd.: 89 f.)

Wenngleich die heutige Gesellschaft von einer Realisierung entsprechender Lösungswege in vielen Bereichen noch weit entfernt zu sein scheint, zeigen die jüngsten Innovationen in der professionellen (und mittlerweile stärker psychosozial ausgerichteten) Sterbenden- und Angehörigenversorgung, dass grundlegende Problematiken, die sich schon seit längerer Zeit bemerkbar machen, allmählich erkannt und Potenziale teilweise genutzt werden. Die Hospizbewegung verlieh der Behandlung des Sterbens und der Sterbenden einen immensen Reflexivitätsschub, und die Sterbebegleitung hat sich zu einem multiprofessionellen, aus verschiedenen Akteuren bestehenden Feld ausdifferenziert (neben Medizinern und Pflegekräften beinhaltet es beispielsweise auch Seelsorger, Sozialarbeiter, Psychologen, Physio-, Musik- und Kunsttherapeuten).

In dieser Arbeit ging es mir darum, zu zeigen, dass Elias' Studie nicht nur wichtige Impulse für die sich zögerlich entwickelnde Thanatosoziologie lieferte, sondern auch für heutige, insbesondere empirisch informierte Forschungen zahlreiche Anschlussmöglichkeiten bietet. Wie ich anhand weiterführender Kontexte zu verdeutlichen versucht habe, lässt sich das Buch darüber hinaus ebenso für einige andere Spezialsoziologien – wie die der Emotion, der Macht, des Wissens und der Medizin – fruchtbar machen. Selbst nach rund 40 Jahren hat die Lektüre nichts von ihrem Reiz verloren; stattdessen fordert sie nachgerade dazu auf, im Lichte des erfolgten Wandels neu gelesen, anders verstanden und im Sinne eines ‚Updates' kommentiert zu werden. Obwohl Elias schon seit längerem zur Gruppe derer gehört, für die der Tod kein Problem mehr ist, ist er bei den Lebenden noch heute im Gespräch. Vorrangig verdankt sich sein Nachruhm zwar seinen Arbeiten zum Zivilisationsprozess (Treibel/Kuzmics/Blomert 2000). Seine Studie über den Tod aber sollte indes nicht übersehen werden. Sie bündelt auf eigenwillige Weise ein Sammelsurium an Themen und Thesen, das die deutschsprachige Thanatosoziologie, theoretisch und empirisch versiert, erst noch genauer wird durchdringen müssen.

In einem seiner biografischen Interviews gab Elias folgende Selbsteinschätzung zu seinem Gesamtwerk ab:

„Ich beginne zu glauben, daß ich einer Stufe nahe sein könnte, auf der nicht mehr die Gefahr besteht, daß das, was ich zu tun versuche, verloren gehen wird. Aber ich bin mir nicht absolut sicher, ob ich bereits über dem Berg bin. Wie Sie sehen, arbeite ich immer noch hart, und ich mache das in dem Bewußtsein, daß ich eine Situation herbeiführen muß, in der mein Werk tatsächlich zum Teil der soziologischen Tradition wird. Ich arbeite immer noch sehr daran, diese Stufe zu erreichen." (Elias 1990: 93).

Es ist ihm gelungen.

Literatur

Agra do Ó, Alarcon (2008): „Norbert Elias e uma narrativa acerca do envelhecimento e da morte", in: *História, Ciências, Saúde* 15, Heft 2, S. 389–400.

Ariès, Philippe (2005): *Geschichte des Todes*, München.

Baberowski, Jörg (2017): *Räume der Gewalt*, 4. Aufl., Frankfurt am Main.

Bähr, Andreas/Medick, Hans (Hg.) (2005): *Sterben von eigener Hand. Selbsttötung als kulturelle Praxis*, Köln.

Bahr, Hans-Dieter (2002): *Den Tod denken*, München.

Barboza, Amalia (2009): *Karl Mannheim*, Konstanz.

Bardenheuer, Hubert J. (2012): „Spezialisierte ambulante palliative Versorgung (SAPV)", in: Eckart, Wolfgang U./Anderheiden, Michael (Hg.): *Handbuch Sterben und Menschenwürde*, Bd. 2, Berlin/Boston, S. 857–863.

Bauer, Britta (2015): *Baumbestattungen in Deutschland. Sozialwissenschaftliche Untersuchung einer alternativen Bestattungsform*, Hamburg.

Bauman, Zygmunt (1992): *Dialektik der Ordnung. Die Moderne und der Holocaust*, Frankfurt am Main.

Bauman, Zygmunt (1994): *Tod, Unsterblichkeit und andere Lebensstrategien*, Frankfurt am Main.

Beck, Stefan (2005): „Altersstile. Ethnografische Erkundungen in einer verriesterten Gesellschaft", in: ders. (Hg.): *Alt sein – entwerfen, erfahren. Ethnografische Erkundungen in Lebenswelten alter Menschen*, Berlin, S. 7–14.

Beck, Ulrich (1986): *Risikogesellschaft. Auf dem Weg in eine andere Moderne*, Frankfurt am Main.

Beck, Ulrich/Beck-Gernsheim, Elisabeth (2011): *Fernliebe. Lebensformen im globalen Zeitalter*, Frankfurt am Main.

Behar, Ruth (1996): *The Vulnerable Observer. Anthropology that Breaks Your Heart*, Boston.

Behzadi, Asita (2020): *Sterben dürfen im Krankenhaus. Paradoxien eines ärztlichen Postulats in der Behandlung Schwerstkranker*, Berlin/Boston.

Benkel, Thorsten (2007): *Die Signaturen des Realen. Bausteine einer soziologischen Topographie der Wirklichkeit*, Konstanz.

Benkel, Thorsten (2012): *Die Verwaltung des Todes. Annäherungen an eine Soziologie des Friedhofs*, Berlin.

Benkel, Thorsten (2013): „Das Schweigen des toten Körpers", in: ders./Meitzler, Matthias: *Sinnbilder und Abschiedsgesten. Soziale Elemente der Bestattungskultur*, Hamburg, S. 14–92.

Benkel, Thorsten (2016): „Symbolische Präsenz. Zum Status der Identität nach dem Ende der Identität", in: ders. (Hg.): *Die Zukunft des Todes. Heterotopien des Lebensendes*, Bielefeld, S. 11–40.

Benkel, Thorsten (2017a): „Erinnerung und Individualisierung", in: Klie, Thomas/Sparre, Sieglinde (Hg.): *Erinnerungslandschaften. Friedhöfe als kulturelles Gedächtnis*, Stuttgart, S. 111–123.

Benkel, Thorsten (2017b): „Strukturen der Sterbenswelt. Über Körperwissen und Todesnähe", in: Keller, Reiner/Meuser, Michael (Hg.): *Alter(n) und vergängliche Körper*, Wiesbaden, S. 277–301.

Benkel, Thorsten (2018a): „Der Körper als Faktizität. Für eine Wissenssoziologie der Obduktion", in: Pfadenhauer, Michaela/Poferl, Angelika (Hg.): *Wissensrelationen*, Weinheim/Basel, S. 895–905.

Benkel, Thorsten (2018b): „Fragwürdig eindeutig. Eine Exkursion in die Schattenzone des Wissens", in: ders./Meitzler, Matthias (Hg.): *Zwischen Leben und Tod. Sozialwissenschaftliche Grenzgänge*, Wiesbaden, S. 1–29.

Benkel, Thorsten (2018c): „Gedächtnis – Medien – Rituale. Postmortale Erinnerungs(re)konstruktion im Internet", in: Sebald, Gerd/Döbler, Marie-Kristin (Hg.): *(Digitale) Medien und soziale Gedächtnisse*, Wiesbaden, S. 169–196.

Benkel, Thorsten (2020a): „Der unsichere Status der Dinge. Zum Kontinuum von Sozialität und Materialität", in: Klie, Thomas/Kühn, Jakob (Hg.): *Die Dinge, die bleiben. Reliquien im interdisziplinären Diskurs*, Bielefeld, S. 71–86.

Benkel, Thorsten (2020b): „Versachlichtes Sterben? Reflexionsansprüche und Reflexionsdefizite in institutionellen Settings", in: Bauer, Anna/Greiner, Florian/Kraus, Sabine/Lippok, Marlene/Peuten, Sarah (Hg.): *Rationalitäten des Lebensendes. Interdisziplinäre Perspektiven auf Sterben, Tod und Trauer*, Baden-Baden, S. 287–310.

Benkel, Thorsten/Meitzler, Matthias (2013): *Sinnbilder und Abschiedsgesten. Soziale Elemente der Bestattungskultur*, Hamburg.

Benkel, Thorsten/Meitzler, Matthias (2014): „Sterbende Blicke, lebende Bilder. Die Fotografie als Erinnerungsmedium im Todeskontext", in: *Medien & Altern. Zeitschrift für Forschung und Praxis* 3, Heft 5, S. 41–56.

Benkel, Thorsten/Meitzler, Matthias (2015): „Feldforschung im Feld der Toten. Unterwegs in einer Nische der sozialen Welt", in: Poferl, Angelika/Reichertz, Jo (Hg.): *Wege ins Feld. Methodologische Aspekte des Feldzugangs*, Essen, S. 234–252.

Benkel, Thorsten/Meitzler, Matthias (2016): „Die Bildlichkeit des Lebensendes. Zur Dialektik der Totenfotografie", in: Klie, Thomas/Nord, Ilona (Hg.): *Tod und Trauer im Netz. Mediale Kommunikationen in der Bestattungskultur*, Stuttgart, S. 117–136.

Benkel, Thorsten/Meitzler, Matthias (Hg.) (2018): *Zwischen Leben und Tod. Sozialwissenschaftliche Grenzgänge*, Wiesbaden.

Benkel, Thorsten/Meitzler, Matthias (2019a): „Trauerkultur in der Moderne", in: Arbeitsgemeinschaft Friedhof und Denkmal (Hg.): *Raum für Trauer. Erkenntnisse und Herausforderungen*, Kassel, S. 8–21.

Benkel, Thorsten/Meitzler, Matthias (2019b): „Materiality and the Body. Explorations at the End of Life", in: *Mortality* 24, Heft 2, S. 231–246.

Benkel, Thorsten/Meitzler, Matthias (Hg.) (2021a): *Wissenssoziologie des Todes*, Weinheim/Basel.

Benkel, Thorsten/Meitzler, Matthias (2021b): „Befristung, Befürchtung, Befreiung. Reflexionen zur Reflektierbarkeit des Lebensendes", in: dies. (Hg.): *Wissenssoziologie des Todes*, Weinheim/Basel, S. 9–24.

Benkel, Thorsten/Meitzler, Matthias (2021c): „Die Transformierbarkeit des Körpers. Vom vergänglichen Leib zur beständigen Materialität", in: Benthien, Claudia/Schmidt, Antje/Wobbeler, Christian (Hg.): *Vanitas und Gesellschaft*, Berlin/Boston, S. 83–103.

Benkel, Thorsten/Nienhaus, Christoph (2020): „Rechtsgenese und Zivilisationsprozess. Eine sozialtheoretische Betrachtung", in: *Archiv für Rechts- und Sozialphilosophie* 106, Heft 3, S. 406–426.

Benkel, Thorsten/Pierburg, Melanie (2021): „Ars moriendi – Bildungskontexte des Sterbens. Methodische und lebensweltliche Herausforderungen", in: Engel, Juliane/Epp, André/Lipkina, Julia/Schinkel, Sebastian/Terhart, Henrike/Wischmann, Anke (Hg.): *Bildung im gesellschaftlichen Wandel. Qualitative Forschungszugänge und Methodenkritik*, Leverkusen, S. 133–151.

Benkel, Thorsten/Sitter, Miriam (2022): „Tod", in: Berek, Mathias/Chmelar, Kristina/Dimbath, Oliver/Haag, Hanna/Heinlein, Michael/Leonhard, Nina/Rauer, Valentin/Sebald, Gerd (Hg.): *Handbuch Sozialwissenschaftliche Gedächtnisforschung*, Wiesbaden (im Erscheinen).

Benkel, Thorsten/Klie, Thomas/Meitzler, Matthias (2019): *Der Glanz des Lebens. Aschediamant und Erinnerungskörper*, Göttingen.

Benkel, Thorsten/Klie, Thomas/Meitzler, Matthias (2020): *Enchantment. Ashes, Diamonds and the Transformation of Funeral Culture*, Göttingen.

Benkel, Thorsten/Meitzler, Matthias/Preuß, Dirk (2019): *Autonomie der Trauer. Zur Ambivalenz des sozialen Wandels*, Baden-Baden.

Berger, Peter L./Lieban, Richard (1960): „Kulturelle Wertstruktur und Bestattungspraktiken in den Vereinigten Staaten", in: *Kölner Zeitschrift für Soziologie und Sozialpsychologie* 12, Heft 2, S. 224–236.

Berger, Peter L./Luckmann, Thomas (1969): *Die gesellschaftliche Konstruktion der Wirklichkeit. Eine Theorie der Wissenssoziologie*, Frankfurt am Main.

Birch, Maxine/Miller, Tina (2000): „Inviting Intimacy. The Interview as Therapeutic Opportunity", in: *International Journal of Social Research Methodology* 3, Heft 3, S. 189–202.

Blok, Anton (1982): „Hinter Kulissen", in: Gleichmann, Peter/Goudsblom, Johan/Korte, Hermann (Hg.): *Materialien zu Norbert Elias' Zivilisationstheorie*, Frankfurt am Main, S. 170–193.

Böcker, Julia (2022): *Fehlgeburt und Stillgeburt. Eine Kultursoziologie der Verlusterfahrung*, Weinheim/Basel.

Bonacker, Thorsten (2002): „Zuschreibung der Gewalt. Zur Sinnförmigkeit interaktiver, organisierter und gesellschaftlicher Gewalt", in: *Soziale Welt* 53, Heft 1, S. 31–48.

Bormann, Franz-Josef (Hg.) (2017): *Lebensbeendende Handlungen. Ethik, Medizin und Recht zur Grenze von ‚Töten' und ‚Sterbenlassen'*, Berlin/Boston.

Brandes, Marina (2011): *Wie wir sterben. Chancen und Grenzen einer Versöhnung mit dem Tod*, Wiesbaden.

Breuer, Franz (2003): „Subjekthaftigkeit der sozial-/wissenschaftlichen Erkenntnistätigkeit und ihre Reflexion. Epistemologische Fenster, methodische Umsetzungen", in: *Forum Qualitative Sozialforschung* 4, Heft 2, Art. 25.

Brüggen, Susanne (2005): *Letzte Ratschläge. Der Tod als Problem der Soziologie, Ratgeberliteratur und Expertenwissen*, Wiesbaden.

Büsche, Jörg (2006): „Was der Kannibale noch mitteilen wollte. Bestattungsrituale im Wandel der Zeit", in: Roland, Oliver (Hg.): *Friedhof – Ade? Die Bestattungskultur des 21. Jahrhunderts*, Mannheim, S. 27–39.

Butler, Judith (2005): *Gefährdetes Leben. Politische Essays*, Frankfurt am Main.

Coenen, Ekkehard (2020): *Zeitregime des Bestattens. Thanato-, kultur- und arbeitssoziologische Beobachtungen*, Weinheim/Basel.

Coenen, Ekkehard/Meitzler, Matthias (2021): „Forschen zum Lebensende. Überlegungen zu einer qualitativen Thanatosoziologie", in: *Forum Qualitative Sozialforschung* 22, Heft 2, Art. 2.

Cook, Alicia S. (2001): „The Dynamics of Ethical Decision Making in Bereavement Research", in: Stroebe, Margaret S./Hansson, Robert O./Stroebe, Wolfgang/Schut, Henk (Hg.): *Handbook of Bereavement Research. Consequences, Coping, and Care*, Washington, S. 119–142.

Cook, Alicia S./Bosley, Geri (1995): „The Experience of Participating in Bereavement Research. Stressful or Therapeutic?", in: *Death Studies* 19, Heft 2, S. 157–170.

Csef, Herbert (2018): „Die Einsamkeit der Sterbenden", in: *Internationale Zeitschrift für Philosophie und Psychosomatik* 10, Heft 2, S. 1–10.

Dasch, Burkhard (2017): *Deskription und Analyse des Sterbeortes in ausgewählten Regionen Deutschlands auf Grundlage epidemiologischer Querschnitterhebungen im ambulanten und stationären Setting*, München.

Dasch, Burkhard/Blum, Klaus/Gude, Philipp/Bausewein, Claudia (2015): „Sterbeorte. Veränderung im Verlauf eines Jahrzehnts. Eine populationsbasierte Studie anhand von Totenscheinen der Jahre 2001 und 2011", in: *Deutsches Ärzteblatt* 112, Heft 29/30, S. 496–504.

Dobler, Robert T. (2011): „Ghost Bikes. Memorialization and Protest on City Streets", in: Margry, Peter J./Sánchez-Carretero, Cristina (Hg.): *Grassroots Memorials. The Politics of Memorializing Traumatic Death*, New York, S. 169–187.

Dörfelt-Mathey, Tabea (2015): *Dichtung als Menschenwissenschaft. Das poetische Werk von Norbert Elias*, Wiesbaden.

Dreßke, Stefan (2005): *Sterben im Hospiz. Der Alltag in einer alternativen Pflegeeinrichtung*, Frankfurt am Main/New York.

Duerr, Hans P. (1988–2005): *Der Mythos vom Zivilisationsprozeß*, 5 Bde., Frankfurt am Main.

Duerr, Hans P. (2015): *Die dunkle Nacht der Seele. Nahtod-Erfahrungen und Jenseitsreisen*, Berlin.

Ebner, Johannes/Stopfinger, Marion (2020): „Situation, Figuration und Gewalt. Versuch eines gewaltsoziologischen Dialoges zwischen Randall Collins und Norbert Elias am Beispiel sexueller Kriegsgewalt", in: *Österreichische Zeitschrift für Soziologie* 45, Heft 1, S. 43–67.

Elias, Norbert (1969): *Die höfische Gesellschaft. Untersuchungen zur Soziologie des Königtums und der höfischen Aristokratie*, Neuwied/Berlin.

Elias, Norbert (1970): *Was ist Soziologie?*, München.

Elias, Norbert (1971): „Sociology of Knowledge. New Perspectives", in: *Sociology* 5, Heft 2, S. 149–168 und Heft 3, S. 355–370.

Elias, Norbert (1973): „Dynamics of Consciousness Within that of Societies", in: International Sociological Association (Hg.): *Transactions of the 7th World Congress of Sociology*, Bd. 4, Sofia, S. 375–383.

Elias, Norbert (1976a): *Über den Prozeß der Zivilisation. Soziogenetische und psychogenetische Untersuchungen*, Bd. 1: *Wandlungen des Verhaltens in den westlichen Oberschichten des Abendlandes*, Frankfurt am Main.

Elias, Norbert (1976b): *Über den Prozeß der Zivilisation. Soziogenetische und psychogenetische Untersuchungen*, Bd. 2: *Wandlungen der Gesellschaft. Entwurf zu einer Theorie der Zivilisation*, Frankfurt am Main.

Elias, Norbert (1978a): „On Transformations of Aggressiveness", in: *Theory and Society* 5, Heft 2, S. 227-242.

Elias, Norbert (1978b): „Zum Begriff des Alltags", in: Hammerich, Kurt/Klein, Michael (Hg.): *Materialien zur Soziologie des Alltags*, Opladen, S. 22–29.

Elias, Norbert (1979): „Über die Einsamkeit der Sterbenden in unseren Tagen", in: *Werk und Zeit* 28, Heft 3, S. 4–16.

Elias, Norbert (1981a): „Zivilisation und Gewalt. Über das Staatsmonopol der körperlichen Gewalt und seine Durchbrechungen", in: Matthes, Joachim (Hg.): *Lebenswelt und soziale Probleme. Verhandlungen des 20. Deutschen Soziologentages zu Bremen 1980*, Frankfurt am Main, S. 98–122.

Elias, Norbert (1981b): „Diskussion über ‚Die Konkurrenz'", in: Meja, Volker/Stehr, Nico (Hg.): *Der Streit um die Wissenssoziologie*, Bd. 1: *Die Entwicklung der deutschen Wissenssoziologie*, Frankfurt am Main, S. 388–390.

Elias, Norbert (1983): *Engagement und Distanzierung*, Frankfurt am Main.

Elias, Norbert (1984): *Über die Zeit*, Frankfurt am Main.

Elias, Norbert (1985): *The Loneliness of the Dying*, Oxford/New York.

Elias, Norbert (1987a): *Los der Menschen. Gedichte – Nachdichtungen*, Frankfurt am Main.

Elias, Norbert (1987b): *Die Gesellschaft der Individuen*, Frankfurt am Main.

Elias, Norbert (1989): *Studien über die Deutschen. Machtkämpfe und Habitusentwicklung im 19. und 20. Jahrhundert*, Frankfurt am Main.

Elias, Norbert (1990): *Über sich selbst*, Frankfurt am Main.

Elias, Norbert (1998): *On Civilization, Power, and Knowledge*, Chicago/London.

Elias, Norbert (2002): „Über die Einsamkeit der Sterbenden in unseren Tagen", in: ders., *Gesammelte Schriften*, Bd. 6, Frankfurt am Main, S. 9–90.

Elias, Norbert (2005): „Wissen und Macht. Interview von Peter Ludes", in: ders., *Gesammelte Schriften*, Bd. 17, Frankfurt am Main, S. 279–344.

Elias, Norbert (2006a): „Wissenssoziologie. Neue Perspektiven", in: ders., *Gesammelte Schriften*, Bd. 14, Frankfurt am Main, S. 219–286.

Elias, Norbert (2006b): „Wandlungen der Machtbalance zwischen den Geschlechtern. Eine prozeßsoziologische Untersuchung am Beispiel des antiken Römerstaats", in: ders., *Gesammelte Schriften*, Bd. 16, Frankfurt am Main, S. 139–181.

Elias, Norbert (2006c): „Die Furcht vor dem Tod", in: ders., *Gesammelte Schriften*, Bd. 16, S. 385–401.

Elias, Norbert (2009): *The Collected Works*, Bd. 14: *On the Sociology of Knowledge and the Sciences*, Dublin.

Ernst, Stefanie (2000): „Schamlose Gesellschaft", in: Kneer, Georg/Nassehi, Armin/Schroer, Markus (Hg.): *Soziologische Gesellschaftsbegriffe. Konzepte moderner Zeitdiagnosen*, 2. Aufl., München, S. 51–75.

Ernst, Stefanie (2010): *Prozessorientierte Methoden in der Arbeits- und Organisationsforschung. Eine Einführung*, Wiesbaden.

Feldmann, Klaus (2010a): *Tod und Gesellschaft. Sozialwissenschaftliche Thanatologie im Überblick*, 2. Aufl., Wiesbaden.

Feldmann, Klaus (2010b): „Soziologie des Sterbens und des Todes (Thanatosoziologie)", in: Kneer, Georg/Schroer, Markus (Hg.): *Handbuch Spezielle Soziologien*, Wiesbaden, S. 569–586.

Feldmann, Klaus/Fuchs-Heinritz, Werner (Hg.) (1995): *Der Tod ist ein Problem der Lebenden. Beiträge zur Soziologie des Todes*, Frankfurt am Main.

Fischer, Norbert (1996): *Vom Gottesacker zum Krematorium. Eine Sozialgeschichte der Friedhöfe in Deutschland*, Köln/Weimar/Wien.

Fischer, Norbert (2003): „Der uniformierte Tod. Soldatenfriedhöfe", in: Arbeitsgemeinschaft Friedhof und Denkmal (Hg.): *Raum für Tote*, Braunschweig, S. 255–264.

Fischer, Norbert (2011): „Neue Inszenierungen des Todes. Über Bestattungs- und Erinnerungskultur im frühen 21. Jahrhundert", in: Groß, Dominik/Tag, Brigitte/Schweikardt, Christoph (Hg.): *Who wants to live forever? Postmoderne Formen des Weiterwirkens nach dem Tod*, Frankfurt am Main/New York, S. 125–144.

Fischer, Norbert (2016): „Der entfesselte Friedhof. Über die Zukunft von Bestattungs- und Erinnerungsorten", in: Benkel, Thorsten (Hg.): *Die Zukunft des Todes. Heterotopien des Lebensendes*, Bielefeld, S. 263–281.

Fleckinger, Susanne (2018): *Hospizarbeit und Palliative Care. Zum wechselseitigen Arbeitsverhältnis von Haupt- und Ehrenamt*, Wiesbaden.

Foucault, Michel (1977): *Sexualität und Wahrheit*, Bd. 1: *Der Wille zum Wissen*, Frankfurt am Main.

Foucault, Michel (2001): *In Verteidigung der Gesellschaft*, Frankfurt am Main.

Foucault, Michel (2008): *Überwachen und Strafen*, Frankfurt am Main.

Fuchs, Werner (1969): *Todesbilder in der modernen Gesellschaft*, Frankfurt am Main.

Fuchs-Heinritz, Werner (2020): „Informalisierung", in: Klimke, Daniela/Lautmann, Rüdiger/Stäheli, Urs/Weischer, Christoph/Wienold, Hanns (Hg.): *Lexikon zur Soziologie*, 6. Aufl., Wiesbaden, S. 337.

Gaedke, Jürgen (Hg.) (2018): *Handbuch des Friedhofs- und Bestattungsrechts*, 12. Aufl., Köln.

Gehring, Petra (2013): „Altern mit und ohne Lebensende", in: Rentsch, Thomas/Zimmermann, Harm-Peer/Kruse, Andreas (Hg.): *Altern in unserer Zeit*, Frankfurt am Main/New York, S. 188–203.

Gennep, Arnold van (2005): *Übergangsriten*, Frankfurt am Main/New York.

Gillner, Matthias/Stümke, Volker (Hg.) (2014): *Kollateralopfer. Die Tötung von Unschuldigen als rechtliches und moralisches Problem*, Baden-Baden.

Glaser, Barney G./Strauss, Anselm L. (1967): *Grounded Theory. Strategien qualitativer Forschung*, Bern.

Glaser, Barney G./Strauss, Anselm L. (1968): *Time for Dying*, Chicago.

Glaser, Barney G./Strauss, Anselm L. (1974): *Interaktion mit Sterbenden*, Göttingen.

Göckenjan, Gerd/Dreßke, Stefan (2002): „Wandlungen des Sterbens im Krankenhaus und die Konflikte zwischen Krankenrolle und Sterberolle", in: *Österreichische Zeitschrift für Soziologie* 27, Heft 4, S. 80–96.

Godzik, Peter (2011): *Hospizlich engagiert. Erfahrungen und Impulse aus drei Jahrzehnten*, Rosengarten.

Goffman, Erving (1977): *Asyle. Über die soziale Situation psychiatrischer Patienten und anderer Insassen*, Frankfurt am Main.

Gorer, Geoffrey (1956): „Die Pornographie des Todes", in: *Der Monat* 8, Heft 92, S. 58–62.

Goudsblom, Johan (1982): „Zivilisation, Ansteckungsangst und Hygiene. Betrachtungen über einen Aspekt des europäischen Zivilisationsprozesses", in: Gleichmann, Peter/Goudsblom, Johan/Korte, Hermann (Hg.): *Materialien zu Norbert Elias' Zivilisationstheorie*, Frankfurt am Main, S. 215–253.

Gould, Deborah (2015): „When Your Data Make You Cry", in: Flam, Helena/Kleres, Jochen (Hg.): *Methods of Exploring Emotions*, London/New York, S. 163–171.

Greiner, Ulrich (1987): „Der Menschenwissenschaftler", in: *Die Zeit*, 1. Mai 1987.

Habenstein, Robert W. (1962): „Sociology of Occupations. The Case of the American Funeral Director", in: Rose, Arnold M. (Hg.): *Human Behavior and Social Processes. An Interactionist Approach*, Boston, S. 225–246.

Habermas, Tilmann (1996): *Geliebte Objekte. Symbole und Instrumente der Identitätsbildung*, Berlin/New York.

Hahn, Alois (1968): *Einstellungen zum Tod und ihre soziale Bedingtheit*, Stuttgart.

Happe, Barbara (2012): *Der Tod gehört mir. Die Vielfalt der heutigen Bestattungskultur und ihre Ursprünge*, Berlin.

Hayek, Julia von (2006): *Hybride Sterberäume in der reflexiven Moderne. Eine ethnographische Studie im ambulanten Hospizdienst*, Münster.

Heller, Andreas/Pleschberger, Sabine/Fink, Michaela/Gronemeyer, Reimer (2012): *Die Geschichte der Hospizbewegung in Deutschland*, Ludwigsburg.

Helmers, Sabine (1989): *Tabu und Faszination. Über die Ambivalenz der Einstellung zu Toten*, Berlin.

Hermes da Fonseca, Lieselotte/Kliche, Thomas (Hg.) (2006): *Verführerische Leichen – verbotener Verfall. ‚Körperwelten' als gesellschaftliches Schlüsselereignis*, Lengerich.

Hinz, Michael (2002): *Der Zivilisationsprozess: Mythos oder Realität? Wissenschaftssoziologische Untersuchungen zur Elias-Duerr-Kontroverse*, Opladen.

Hitzler, Ronald (2010): „Ist da jemand? Über Appräsentationen bei Menschen im Zustand ‚Wachkoma'", in: Keller, Reiner/Meuser, Michael (Hg.): *Körperwissen. Über die Renaissance des Körperlichen*, Wiesbaden, S. 69–84.

Hitzler, Ronald (2017): „Als schautest Du mich an. Das Foto als Präsenzvehikel", in: Eberle, Thomas S. (Hg.): *Fotografie und Gesellschaft. Phänomenologische und wissenssoziologische Perspektiven*, Bielefeld, S. 197–212.

Hitzler, Ronald/Honer, Anne (1994): „Bastelexistenz. Über subjektive Konsequenzen der Individualisierung", in: Beck, Ulrich/Beck-Gernsheim, Elisabeth (Hg.): *Riskante Freiheiten. Individualisierung in modernen Gesellschaften*, Frankfurt am Main, S. 307–335.

Hitzler, Ronald/Honer, Anne/Pfadenhauer, Michaela (Hg.) (2008*): Posttraditionale Gemeinschaften. Theoretische und ethnografische Erkundungen*, Wiesbaden.

Hoffmann, Matthias (2011): „*Sterben? Am liebsten plötzlich und unerwartet." Die Angst vor dem ‚sozialen Sterben'*, Wiesbaden.

Holmberg, Tora/Jonsson, Annika/Palm, Fredrik (2019): *Death Matters. Cultural Sociology of Mortal Life*, Cham.

Höpp, Gerhard/Jonker, Gerdien (Hg.) (1996): *In fremder Erde. Zur Geschichte und Gegenwart der islamischen Bestattung in Deutschland*, Berlin.

Howarth, Glennys (2007): *Death and Dying. A Sociological Introduction*, Cambridge.

Hüppauf, Bernd (2014): *Was ist Krieg?*, Bielefeld.

Imbusch, Peter (2013): *Macht und Herrschaft. Sozialwissenschaftliche Theorien und Konzeptionen*, 2. Aufl., Wiesbaden.

Imhof, Arthur (1981): *Die gewonnenen Jahre*, München.

Iterson, Ad van/Mastenbrock, Willem/Newton, Tim/Smith, Dennis (Hg.) (2002): *The Civilized Organization. Norbert Elias and the Future of Organization Studies*, Amsterdam.

Jackson, Neil/Kimber, Shaun/Walker, Johnny/Watson, Thomas J. (Hg.) (2016): *Snuff. Real Death and Screen Media*, London/New York.

Jacobsen, Michael H. (2020): „The New (Un)Reality of Death. Reflections on Death Awareness and the ‚Corona Crisis'", in: *Thesis Eleven*; Zugang unter: https://thesiseleven.com/2020/08/05/the-new-unreality-of-death-reflections-on-death-awareness-and-the-corona-crisis/ (17. Mai 2021).

Jacobsen, Michael H./Petersen, Anders (2020): „The Return of Death in Times of Uncertainty. A Sketchy Diagnosis of Death in the Contemporary ‚Corona Crisis'", in: *Social Sciences* 9, Heft 8, Art. 131.

Jitschin, Adrian (2021): *Das Leben des jungen Norbert Elias*, Weinheim/Basel.

Joachimides, Alexis/Milling, Stephanie/Müllner, Ilse/Thöne, Yvonne S. (Hg.) (2016): *Opfer – Beute – Hauptgericht. Tiertötungen im interdisziplinären Diskurs*, Bielefeld.

Kahl, Antje/Knoblauch, Hubert/Weber, Tina (Hg.) (2017): *Transmortalität. Organspende, Tod und tote Körper in der heutigen Gesellschaft*, Weinheim/Basel.

Kearl, Michael C. (1989): *Endings. A Sociology of Death and Dying*, Oxford.

Kellehear, Allan (2007): *A Social History of Dying*, Cambridge.

Kilminster, Richard (1996): „Norbert Elias und Karl Mannheim. Nähe und Distanz", in: Rehberg, Karl-Siegbert (Hg): *Norbert Elias und die Menschenwissenschaften. Studien zur Entstehung und Wirkungsgeschichte seines Werkes*, Frankfurt am Main, S. 352–392.

Kippele, Flavia (1998): *Was heißt Individualisierung? Die Antworten soziologischer Klassiker*, Opladen/Wiesbaden.

Kittsteiner, Heinz-Dieter (1995): *Die Entstehung des modernen Gewissens*, Frankfurt am Main.

Klapetek, Martin (2017): „Muslim Areas at Municipal Cemeteries in Germany and Austria", in: *Studia Religiologica* 50, Heft 3, S. 203–220.

Klie, Thomas (2020): „‚Der Diamant ist das Funkeln von ihr'. Eine Fallanalyse zur Diamantpressung", in: ders./Kühn, Jakob (Hg.): *Die Dinge, die bleiben. Reliquien im interdisziplinären Diskurs*, Bielefeld, S. 163–173.

Kneer, Georg (2010): „Wissenssoziologie", in: ders./Schroer, Markus (Hg.): *Handbuch Spezielle Soziologien*, Wiesbaden, S. 707–723.

Knoblauch, Hubert (2009): *Populäre Religion. Auf dem Weg in eine spirituelle Gesellschaft*, Frankfurt am Main/New York.

Knoblauch, Hubert/Kahl, Antje (2017): „Tod", in: Gugutzer, Robert/Klein, Gabriele/Meuser, Michael (Hg.): *Handbuch Körpersoziologie*, Bd. 2: *Forschungsfelder und methodische Zugänge*, Wiesbaden, S. 365–378.

Knoblauch, Hubert/Soeffner, Hans-Georg (Hg.) (1999): *Todesnähe. Wissenschaftliche Zugänge zu einem außergewöhnlichen Phänomen*, Konstanz.

Knoblauch, Hubert/Zingerle, Arnold (2005): „Thanatosoziologie. Tod, Hospiz und die Institutionalisierung des Sterbens", in: dies. (Hg.): *Thanatosoziologie. Tod, Hospiz und die Institutionalisierung des Sterbens*, Berlin, S. 11–30.

Knopke, Ekkehard (2018): „Touching the Dead. Autoethnographical Reflections about the Researcher's Body in the Field of Death, Dying, and Bereavement", in: *Death Studies* 42, Heft 10, S. 640–648.

Kohli, Martin (1988): „Normalbiographie und Individualität. Zur institutionellen Dynamik des gegenwärtigen Lebenslaufregimes", in: Brose, Hanns-Georg/Hildenbrand, Bruno (Hg.): *Vom Ende des Individuums zur Individualität ohne Ende*, Opladen, S. 33–53.

Korte, Hermann (2005): „Norbert Elias in Breslau. Ein biographisches Fragment", in: ders., *Statik und Prozess. Essays*, Wiesbaden, S. 81–100.

Korte, Hermann (2013): *Über Norbert Elias. Das Werden eines Menschenwissenschaftlers*, 3. Aufl., Wiesbaden.

Kuzmics, Helmut/Mörth, Ingo (Hg.) (1991): *Der unendliche Prozeß der Zivilisation. Zur Kultursoziologie der Moderne nach Norbert Elias*, Frankfurt am Main/New York.

Landini, Tatiana S./Dépelteau, François (Hg.) (2017): *Norbert Elias and Violence*, New York.

Lau, Ephrem E. (1975): *Tod im Krankenhaus. Soziologische Aspekte des Sterbens in Institutionen*, Köln.

Lindemann, Gesa (2002): *Die Grenzen des Sozialen. Zur sozio-technischen Konstruktion von Leben und Tod in der Intensivmedizin*, München.

Lucena, Ricardo de Figueiredo (2017): „Elias' Bodies. The Conception of Body and Education from three Works of Norbert Elias", in: *Educação & Realidade* 42, Heft 4, S. 1319–1332.

Luckmann, Thomas (1991): *Die unsichtbare Religion*, Frankfurt am Main.

Luhmann, Niklas (1984): *Soziale Systeme. Grundriß einer allgemeinen Theorie*, Opladen.

Luhmann, Niklas (1996): *Die Realität der Massenmedien*, Opladen.

Mannheim, Karl (1964): *Wissenssoziologie*, Berlin/Neuwied.

Mannheim, Karl (1969): *Ideologie und Utopie*, 5. Aufl., Frankfurt am Main.

Martschukat, Jürgen (2002): *Die Geschichte der Todesstrafe in Nordamerika. Von der Kolonialzeit bis zur Gegenwart*, München.

Mayr, Katharina/Barth, Niklas (2021): „Interaktion mit Sterbenden. Die Differenzierung von Bewusstseinskontexten auf der multiprofessionellen Palliativstation und die Bearbeitung von Kommunikationsabbrüchen", in: Benkel, Thorsten/Meitzler, Matthias (Hg.): *Wissenssoziologie des Todes*, Weinheim/Basel, S. 175–195.

Meitzler, Matthias (2011): *Soziologie der Vergänglichkeit. Zeit, Altern, Tod und Erinnern im gesellschaftlichen Kontext*, Hamburg.

Meitzler, Matthias (2012a): „Wenn einer stirbt. Die Professionalität der Todesverwaltung", in: Benkel, Thorsten: *Die Verwaltung des Todes. Annäherungen an eine Soziologie des Friedhofs*, Berlin, S. 12–35.

Meitzler, Matthias (2012b): „Tot sind immer nur die anderen. Das eigene Lebensende zwischen Sterblichkeitswissen und Nicht-Erfahrbarkeit", in: *Soziologie-Magazin* 5, Heft 1, S. 22–38.

Meitzler, Matthias (2013): „Bestattungskultur im sozialen Wandel", in: Benkel, Thorsten/Meitzler, Matthias: *Sinnbilder und Abschiedsgesten. Soziale Elemente der Bestattungskultur*, Hamburg, S. 215–321.

Meitzler, Matthias (2016a): „Der tote Körper und seine Zeichen. Zur Evidenz des Physischen im Sektionskontext", in: Groß, Dominik/Kaiser, Stephanie/Tag, Brigitte (Hg.): *Leben jenseits des Todes? Transmortalität unter besonderer Berücksichtigung der Organspende*, Frankfurt am Main/New York, S. 153–178.

Meitzler, Matthias (2016b): „Postexistenzielle Existenzbastelei", in: Benkel, Thorsten (Hg.): *Die Zukunft des Todes. Heterotopien des Lebensendes*, Bielefeld, S. 133–162.

Meitzler, Matthias (2017a): „Der alte Körper als Problemgenerator. Zur Normativität von Altersbildern", in: Keller, Reiner/Meuser, Michael (Hg.): *Alter(n) und vergängliche Körper*, Wiesbaden, S. 45–66.

Meitzler, Matthias (2017b): „Mediatisierung des Todes. Die Leiche zwischen Unsichtbarkeit und Medienpräsenz", in: Reichertz, Jo/Meitzler, Matthias/Plewnia, Caroline: *Wissenssoziologische Medienwirkungsforschung. Zur Mediatisierung des forensischen Feldes*, Weinheim/Basel, S. 111–146.

Meitzler, Matthias (2017c): „‚Der Moment ist mein'. Die Evokation von Lebendigkeit durch Bildpräsenz", in: Klie, Thomas/Sparre, Sieglinde (Hg.): *Erinnerungslandschaften. Friedhöfe als kulturelles Gedächtnis*, Stuttgart, S. 125–144.

Meitzler, Matthias (2018a): „‚Schauen wir mal, was der Opa zu berichten hat'. Körperambivalenz in einem medizinischen Performanzrahmen", in: Benkel, Thorsten/Meitzler, Matthias (Hg.): *Zwischen Leben und Tod. Sozialwissenschaftliche Grenzgänge*, Wiesbaden, S. 111–142.

Meitzler, Matthias (2018b): „Nicht-Präsenz als Gegenwärtigkeit. Die spezifische Atmosphäre bildhafter Abschiedsrituale", in: Poferl, Angelika/Pfadenhauer, Michaela (Hg.): *Wissensrelationen*, Weinheim/Basel, S. 861–871.

Meitzler, Matthias (2019a): „Animalische Avantgarde. Zeitgenössische Kundgaben von Trauer um verstorbene Heimtiere", in: *Tierethik. Zeitschrift zur Mensch-Tier-Beziehung* 11, Heft 1, S. 109–133.

Meitzler, Matthias (2019b): „Keine Angst vor echten Tränen. Die Erforschung von Trauer als methodologische Herausforderung", in: Benkel, Thorsten/Meitzler, Matthias/Preuß, Dirk: *Autonomie der Trauer. Zur Ambivalenz des sozialen Wandels*, Baden-Baden, S. 75–126.

Meitzler, Matthias (2019c): „Selbstbestimmung als Legitimation. Professionelles Handeln im Kontext von Ascheartefakten", in: Benkel, Thorsten/Klie, Thomas/Meitzler, Matthias: *Der Glanz des Lebens. Aschediamant und Erinnerungskörper*, Göttingen, S. 80–104.

Meitzler, Matthias (2020a): „‚Ich will jetzt Mutters Asche!' Aushandlung, Aneignung und Autonomie am Beispiel kontroverser Gegenständlichkeit", in: Klie, Thomas/Kühn, Jakob (Hg.): *Die Dinge, die bleiben. Reliquien im interdisziplinären Diskurs*, Bielefeld, S. 175–197.

Meitzler, Matthias (2020b): „Postexistenzialität", in: Klimke, Daniela/Lautmann, Rüdiger/Stäheli, Urs/Weischer, Christoph/Wienold, Hanns (Hg.): *Lexikon zur Soziologie*, 6. Aufl., Wiesbaden, S. 594.

Meitzler, Matthias (2021a): „‚…ein Problem der Lebenden'. Zur wissenssoziologischen Relevanz von Norbert Elias' Todesperspektive", in: Benkel, Thorsten/Meitzler, Matthias (Hg.): *Wissenssoziologie des Todes*, Weinheim/Basel, S. 140–158.

Meitzler, Matthias (2021b): „Wem gehört mein Körper? Der Leib zwischen Selbst- und Fremdbestimmung", in: Henkel, Anna (Hg.): *Verantwortung*, Bielefeld, S. 121–135.

Meitzler, Matthias (2022a): „Postmortale Autonomie. Praktiken der Aneignung von Totenasche", in: Benkel, Thorsten/Meitzler, Matthias: *Körper – Kultur – Konflikt. Studien zur Thanatosoziologie*, Baden-Baden, S. 69–100.

Meitzler, Matthias (2022b): „Vom Anfang und Ende der Leiche", in: Benkel, Thorsten/Meitzler, Matthias: *Körper – Kultur – Konflikt. Studien zur Thanatosoziologie*, Baden-Baden, S. 121–151.

Meitzler, Matthias/Thönnes, Michaela (2022): „Sterben unter organisierten Bedingungen. Zum thanatosoziologischen Beitrag von David Sudnow", in: *Jahrbuch für Tod und Gesellschaft* 1, S. 184–207.

Meja, Volker/Stehr, Nico (Hg.) (1981): *Der Streit um die Wissenssoziologie*, 2 Bde., Frankfurt am Main.

Merz-Benz, Peter-Ulrich (1997): „Ideologiekritik oder Entideologisierung der Gesellschaft. Karl Mannheim und Norbert Elias", in: *Berliner Journal für Soziologie* 7, Heft 2, S. 187–200.

Mitford, Jessica (1965): *Der Tod als Geschäft. The American Way of Death*, Olten/Freiburg.

Moebius, Stephan/Weber, Tina (2007): „Die mediale Repräsentation des Todes. Der Tod in den Kulturen der Moderne am Beispiel des Films", in: Schroer, Markus (Hg.): *Gesellschaft im Film*, Konstanz, S. 264–308.

Motakef, Mona (2011): *Körper Gabe. Ambivalente Ökonomien der Organspende*, Bielefeld.

Müller, Dirk/Wistuba, Bettina (2014): *Die Situation von Hospizarbeit und Palliative Care in Deutschland. Fakten, Bewertungen, Verbesserungsbedarf*, Sankt Augustin/Berlin.

Nassehi, Armin (2007): „Todesexperten", in: Nieder, Ludwig/Schneider, Werner (Hg.): *Die Grenzen des menschlichen Lebens. Lebensbeginn und Lebensende aus sozial- und kulturwissenschaftlicher Sicht*, Hamburg, S. 123–134.

Nassehi, Armin/Saake, Irmhild (2005): „Kontexturen des Todes. Eine Neubestimmung soziologischer Thanatologie", in: Knoblauch, Hubert/Zingerle, Arnold (Hg.): *Thanatosoziologie. Tod, Hospiz und die Institutionalisierung des Sterbens*, Berlin, S. 31–54.

Nassehi, Armin/Weber, Georg (1989): *Tod, Modernität und Gesellschaft. Entwurf einer Theorie der Todesverdrängung*, Opladen.

Ochsmann, Randolph/Slangen, Kerstin/Feith, Gabi/Klein, Thomas/Seibert, Anja (1997): *Sterbeorte in Rheinland-Pfalz. Zur Demographie des Todes*, Mainz.

Offerhaus, Anke (2016): „Begraben im Cyberspace. Virtuelle Friedhöfe als Räume mediatisierter Trauer und Erinnerung", in: Benkel, Thorsten (Hg.): *Die Zukunft des Todes. Heterotopien des Lebensendes*, Bielefeld, S. 339–364.

Opitz, Claudia (Hg.) (2005): *Höfische Gesellschaft und Zivilisationsprozeß. Norbert Elias' Werk in kulturwissenschaftlicher Perspektive*, Köln.

Parsons, Talcott (1963): „Death in American Society. A Brief Working Paper", in: *The American Behavioral Scientist* 6, Heft 9, S. 61–70.

Pfeffer, Christine (1998): *Brücken zwischen Leben und Tod. Eine empirische Untersuchung in einem Hospiz*, Köln.

Pfeffer, Christine (2005): *„Hier wird immer noch besser gestorben als woanders." Eine Ethnographie stationärer Hospizarbeit*, Bern.

Preuß, Dirk (2018): „In Entwicklung. Der Umgang mit toten Föten", in: Benkel, Thorsten/Meitzler, Matthias (Hg.): *Zwischen Leben und Tod. Sozialwissenschaftliche Grenzgänge*, Wiesbaden, S. 51–70.

Reemtsma, Jan P. (2008): *Vertrauen und Gewalt. Versuch über eine besondere Konstellation der Moderne*, Hamburg.

Reichert, Ramón (1997): *Der Diskurs der Seuche. Sozialpathologien 1700–1900*, München.

Reichertz, Jo (2015): „Die Bedeutung der Subjektivität in der Forschung", in: *Forum Qualitative Sozialforschung* 16, Heft 3, Art. 33.

Reichertz, Jo/Meitzler, Matthias/Plewnia, Caroline (2017): *Wissenssoziologische Medienwirkungsforschung. Zur Mediatisierung des forensischen Feldes*, Weinheim/Basel.

Richards, Naomi (2016): „Old Age Rational Suicide", in: *Sociology Compass* 11, Heft 3, S. 1–14.

Rosemann, Lutz (2003): *Die Zeit als Paradigma in der Wissenssoziologie von Norbert Elias*, Münster.

Rosenblatt, Paul C. (1995): „Ethics of Qualitative Interviewing with Grieving Families", in: *Death Studies* 19, Heft 2, S. 139–155.

Rossetto, Kelly R. (2014): „Qualitative Research Interviews. Assessing the Therapeutic Value and Challenges", in: *Journal of Social and Personal Relationships* 31, Heft 4, S. 482–489.

Rowling, Louise (1999): „Being in, Being out, Being with. Affect and the Role of the Qualitative Researcher in Loss and Grief Research", in: *Mortality* 4, Heft 2, S. 167–181.

Rowling, Louise (2009): „The Role of the Qualitative Researcher in Loss and Grief Research", in: Earle, Sarah/Komaromy, Carol/Bartholomew, Caroline (Hg.): *Death and Dying*, London, S. 230–236.

Saake, Irmhild/Nassehi, Armin/Mayr, Katharina (2019): „Gegenwarten von Sterbenden. Eine Kritik des Paradigmas vom ‚bewussten' Sterben", in: *Kölner Zeitschrift für Soziologie und Sozialpsychologie* 71, Heft 1, S. 27–52.

Sachmerda-Schulz, Nicole (2017): *Selbstbestimmt bis nach dem Tod. Zur Ausbreitung und Normalisierung der anonymen Bestattung*, Wiesbaden.

Santos, Luiz A./Faria, Lina/Patiño, Rafael A. (2018): „O envelhecer e a morte. Leituras contemporâneas de psicologia social", in: *Revista Brasileira de Estudos de Populaçao* 35, Heft 2; Zugang unter: https://www.scielo.br/pdf/rbepop/v35n2/0102-3098-rbepop-35-02-01-e0040.pdf (17. Mai 2021).

Sauer, Sebastian/Müller, Rolf/Rothgang, Heinz (2015): „Institutionalisiertes Sterben in Deutschland. Trends in der Sterbeortverteilung: zu Hause, Krankenhaus und Pflegeheim", in: *Zeitschrift für Gerontologie und Geriatrie* 48, Heft 2, S. 169–175.

Scheler, Max (1960): *Die Wissensformen und die Gesellschaft*, 2. Aufl., Bern.

Scheler, Max (1979): „Tod und Fortleben", in: ders., *Die Zukunft des Kapitalismus und andere Aufsätze*, München, S. 7–71.

Schenk, Herrad (2011): „Vorhang auf für die neuen Alten! Vom allmählichen Wandel unseres kulturellen Altersbildes", in: Kollewe, Caroline/Schenkel, Elmar (Hg.): *Alter: unbekannt. Über die Vielfalt des Älterwerdens. Internationale Perspektiven*, Bielefeld, S. 27–40.

Schiefer, Frank (2007): *Die vielen Tode. Individualisierung und Privatisierung im Kontext von Sterben, Tod und Trauer in der Moderne. Wissenssoziologische Perspektiven*, Berlin.

Schläder, Jürgen/Wohlfarth, Regina (Hg.) (2007): *AngstBilderSchauLust. Katastrophenerfahrungen in Kunst, Musik und Theater*, Berlin.

Schlich, Thomas/Wiesemann, Claudia (Hg.) (2001): *Hirntod. Zur Kulturgeschichte der Todesfeststellung*, Frankfurt am Main.

Schloßberger, Matthias (2000): „Rezeptionsschwierigkeiten. Hans Peter Duerrs Kritik an Norbert Elias' historischer Anthropologie", in: *Leviathan* 28, Heft 1, S. 109–121.

Schmickler, Leonie (2021): „(Nicht-)Wissen und Selbstbestimmung. Ein Beitrag zur Soziologie der Suizidbeihilfe", in: Benkel, Thorsten/Meitzler, Matthias (Hg.): *Wissenssoziologie des Todes*, Weinheim/Basel, S. 196–220.

Schmidtke, Armin/Sell, Roxane/Löhr, Cordula (2008): „Epidemiologie von Suizidalität im Alter", in: *Zeitschrift für Gerontologie und Geriatrie* 41, Heft 1, S. 3–13.

Schmied, Gerhard (2002): *Friedhofsgespräche. Untersuchungen zum ‚Wohnort der Toten'*, Opladen.

Schneider, Werner (2014): „Sterbewelten. Ethnographische (und dispositivanalytische) Forschung zum Lebensende", in: Schnell, Martin W./Schneider, Werner/Kolbe, Harald (Hg.): *Sterbewelten. Eine Ethnographie*, Wiesbaden, S. 51–138.

Schneider, Werner/Stadelbacher, Stephanie (2020): „Palliative Care und Hospiz. Versorgung und Begleitung am Lebensende", in: Kriwy, Peter/Jungbauer-Gans, Monika (Hg.): *Handbuch Gesundheitssoziologie*, Wiesbaden, S. 481–509.

Schnell, Martin W./Schneider, Werner/Kolbe, Harald (Hg.): *Sterbewelten. Eine Ethnographie*, Wiesbaden.

Schroer, Markus (2001): *Das Individuum der Gesellschaft. Synchrone und diachrone Theorieperspektiven*, Frankfurt am Main.

Schroer, Markus (2010): „Individualisierung als Zumutung. Von der Notwendigkeit zur Selbstinszenierung in der visuellen Kultur", in: Berger, Peter A./Hitzler, Ronald (Hg.): *Individualisierungen. Ein Vierteljahrhundert ‚jenseits von Stand und Klasse'?*, Wiesbaden, S. 275–289.

Schröer, Norbert (2015): „Qualitatives Interviewen als Beziehungsarbeit", in: Poferl, Angelika/Reichertz, Jo (Hg.): *Wege ins Feld. Methodologische Aspekte des Feldzugangs*, Essen, S. 384–401.

Schröter, Michael (1990): „Scham im Zivilisationsprozeß. Zur Diskussion mit Hans-Peter Duerr", in: Korte, Hermann (Hg.): *Gesellschaftliche Prozesse und individuelle Praxis. Bochumer Vorlesungen zu Norbert Elias' Zivilisationstheorie*, Frankfurt am Main, S. 42–85.

Schütz, Alfred/Luckmann, Thomas (2003): *Strukturen der Lebenswelt*, Konstanz.

Schützeichel, Rainer (2016): „Sinnwelten des Trauerns. Eine Analyse der Professionalisierung von Trauerarbeit", in: Jakoby, Nina/Thönnes, Michaela (Hg.): *Zur Soziologie des Sterbens. Aktuelle theoretische und empirische Beiträge*, Wiesbaden, S. 113–134.

Schützeichel, Rainer (2018): „Demütigung, Anerkennung und sozialer Tod", in: Benkel, Thorsten/Meitzler, Matthias (Hg.): *Zwischen Leben und Tod. Sozialwissenschaftliche Grenzgänge*, Wiesbaden, S. 243–267.

Seale, Clive (1991): „Communication and Awareness about Death. A Study of a Random Sample of Dying People", in: *Social Science and Medicine* 32, Heft 8, S. 943–952.

Seale, Clive (1998): *Constructing Death. The Sociology of Dying and Bereavement*, Cambridge.

Seibel, Constanze (2018): „Tod im Leben – Leben im Tod. Paradoxien des gesellschaftlichen Miteinanders", in: Benkel, Thorsten/Meitzler, Matthias (Hg.): *Zwischen Leben und Tod. Sozialwissenschaftliche Grenzgänge*, Wiesbaden, S. 161–184.

Silbermann, Alphons/Brüning, Michael (1991): *Der Deutschen Badezimmer. Eine soziologische Studie*, Köln.

Sommer, Andreas U. (2010): „Das Sterben denken. Zur Möglichkeit einer *ars moriendi* nach Nietzsche und Elias", in: Günther, Friederike/Holzer, Angela/Müller, Enrico (Hg.): *Zur*

Genealogie des Zivilisationsprozesses. Friedrich Nietzsche und Norbert Elias, Berlin/New York, S. 159–174.

Sontag, Susan (2005): *Das Leiden anderer betrachten*, Frankfurt am Main.

Sörries, Reiner (2011): *Ruhe sanft. Kulturgeschichte des Friedhofs*, 2. Aufl., Kevelaer.

Spranger, Tade (2011): *Ordnungsamtbestattungen*, Münster.

Stadelbacher, Stephanie (2017): „Das Lebensende als Randgebiet des Sozialen? Zur Praxis des ‚guten' Sterbens zu Hause am Beispiel der ambulanten Hospiz- und Palliativarbeit", in: Jakoby, Nina/Thönnes, Michaela (Hg.): *Zur Soziologie des Sterbens. Aktuelle theoretische und empirische Beiträge*, Wiesbaden, S. 49–70.

Stadelbacher, Stephanie/Schneider, Werner (2016): „Zuhause Sterben in der reflexiven Moderne. Private Sterbewelten als Heterotopien", in: Benkel, Thorsten (Hg.): *Die Zukunft des Todes. Heterotopien des Lebensendes*, Bielefeld, S. 61–84.

Stietencron, Heinrich von/Rüpke, Jörg (Hg.) (1995): *Töten im Krieg*, Freiburg/München.

Stöttner, Carina (2018): „Digitales Jenseits? Virtuelle Identität im postmortalen Stadium", in: Benkel, Thorsten/Meitzler, Matthias (Hg.): *Zwischen Leben und Tod. Sozialwissenschaftliche Grenzgänge*, Wiesbaden, S. 185–209.

Streckeisen, Ursula (1994): „Doing Death. Expertenpraktik in den Kontexten von Lebenserhaltung, Verlust und Wissenschaft", in: Hitzler, Ronald/Honer, Anne/Maeder, Christoph (Hg.): *Expertenwissen. Die institutionalisierte Kompetenz zur Konstruktion von Wirklichkeit*, Opladen, S. 232–246.

Streckeisen, Ursula (2001): *Die Medizin und der Tod. Über berufliche Strategien zwischen Klinik und Pathologie*, Opladen.

Student, Johann C. (1989): *Das Hospiz-Buch*, Freiburg.

Sudnow, David (1973): *Organisiertes Sterben. Eine soziologische Untersuchung*, Frankfurt am Main.

Sykora, Katharina (2009): *Die Tode der Fotografie*, Bd. 1: *Totenfotografie und ihr sozialer Gebrauch*, München/Paderborn.

Tan, Dursun (1998): *Das fremde Sterben. Sterben, Tod und Trauer unter Migrationsbedingungen*, Frankfurt am Main.

Teucher, Ulrich C. (2001): „Writing in the Face of Death. Norbert Elias and Autobiographies of Cancer", in: Salumets, Thomas (Hg.): *Norbert Elias and Human Interdependencies*, Montreal, S. 159–174.

Thalmann, Rolf (1978): *Urne oder Sarg? Auseinandersetzungen um die Einführung der Feuerbestattung im 19. Jahrhundert*, Bern/Frankfurt am Main/Las Vegas.

Thieme, Frank (2019): *Sterben und Tod in Deutschland. Eine Einführung in die Thanatosoziologie*, Wiesbaden.

Thompson, Neil/Cox, Gerry R. (2017): *Handbook of the Sociology of Death, Grief, and Bereavement. A Guide to Theory and Practice*, London.

Thönnes, Michaela (2013): *Sterbeorte in Deutschland. Eine soziologische Studie*, Frankfurt am Main.

Timmermans, Stefan (1994): „Dying of Awareness. The Theory of Awareness Contexts Revisited", in: *Sociology of Health and Illness* 16, Heft 3, S. 322–339.

Tirschmann, Felix (2019): *Der Alltag des Todes. Perspektiven einer wissenssoziologischen Thanatologie*, Wiesbaden.

Tönnies, Ferdinand (1991): *Gemeinschaft und Gesellschaft. Grundbegriffe der reinen Soziologie*, Darmstadt.

Treibel, Annette (2008): *Die Soziologie von Norbert Elias. Eine Einführung in ihre Geschichte, Systematik und Perspektiven*, Wiesbaden.

Treibel, Annette/Kuzmics, Helmut/Blomert, Reinhard (Hg.) (2000): *Zivilisationstheorie in der Bilanz. Beiträge zum 100. Geburtstag von Norbert Elias*, Opladen.

Truscheit, Karin (2020): „Psychisch am Anschlag. Hospizen in der Coronakrise", in: *Frankfurter Allgemeine Zeitung*; Zugang unter: https://www.faz.net/aktuell/gesellschaft/gesundheit/coronavirus/hospize-stehen-unter-besonderen-massnahmen-waehrend-der-coronakrise-16707449.html?printPagedArticle=true#pageIndex_3 (17. Mai 2021).

Visser, Renske C. (2017): „‚Doing Death'. Reflecting on the Researcher's Subjectivity and Emotions", in: *Death Studies* 41, Heft 1, S. 6–13.

Walter, Tony (1994): *The Revival of Death*, London.

Wasner, Maria (2012): „Keiner stirbt für sich allein. Bedeutung und Bedürfnisse des sozialen Umfelds bei Sterbenden", in: Bormann, Franz-Josef/Borasio, Gian D. (Hg.): *Sterben. Dimensionen eines anthropologischen Grundphänomens*, Berlin, S. 82–91.

Weber, Max (1976): *Wirtschaft und Gesellschaft*, 5. Aufl., Tübingen.

Weber, Max (1988): „Die Wirtschaftsethik der Weltreligionen", in: ders., *Gesammelte Aufsätze zur Religionssoziologie*, Bd. 1, 9. Aufl., Tübingen, S. 237–573.

Wendorff, Rudolf (1980): *Zeit und Kultur. Geschichte des Zeitbewußtseins in Europa*, Opladen.

Wieviorka, Michel (2006): *Die Gewalt*, Hamburg.

Winkel, Heidemarie (2002): *„Trauer ist doch ein großes Gefühl..."* Zur biographiegenerierenden Funktion von Verlusterfahrungen und der Codierung von Trauerkommunikation, Konstanz.

Wittwer, Héctor (Hg.) (2020): *Sterbehilfe und ärztliche Beihilfe zum Suizid. Grundlagentexte zur ethischen Debatte*, Freiburg/München.

Woodthorpe, Kate (2009): „Reflecting on Death. The Emotionality of the Research Encounter", in: *Mortality* 14, Heft 1, S. 70–86.

Woodthorpe, Kate (2011): „Researching Death. Methodological Reflections on the Management of Critical Distance", in: *International Journal of Social Research Methodology* 14, Heft 2, S. 99–109.

Wouters, Cas (1990): *Van minnen en sterven. Informalisering van omgangsvormen rond seks en dood*, Amsterdam.

Wouters, Cas (1994): „Duerr und Elias. Scham und Gewalt in Zivilisationsprozessen", in: *Zeitschrift für Sexualforschung* 7, Heft 3, S. 203–216.

Wouters, Cas (1999): *Informalisierung. Norbert Elias' Zivilisationstheorie und Zivilisationsprozesse im 20. Jahrhundert*, Wiesbaden.

Wouters, Cas/Kroode, Herman ten (1980): „Informalisering in het rouwen en in de omgang met doden op de snijzaal", in: Banck, Geert A./Brunt, Lodewijk/Heerikhuizen, Bart van/Hilhorst, Henri/IJzermans, Joris (Hg.): *Gestalten van de dood. Studies over abortus, euthanasie, rouw, zelfmoord en doodstraf*, Barn, S. 55–75.

Wulf, Christoph/Zirfas, Jörg (Hg.) (2011): *Töten. Affekte, Akte und Formen*, Berlin.

Zima, Peter V. (2020): *Soziologische Theoriebildung. Ein Handbuch auf dialogischer Basis*, Tübingen.

The manufacturer's authorised representative in the EU is Springer
Nature Customer Service Centre GmbH, Europaplatz 3, 69115 Heidelberg,
Germany. If you have any concerns regarding our products, please
contact ProductSafety@springernature.com

Printed and bound by CPI Group (UK) Ltd, Croydon, CR0 4YY
28/04/2026
02098534-0002